再生への
リ・ビジョン《Re-VISION》

次の伝道会議〈2023年〉へのロードマップ

第6回日本伝道会議実行委員会［編］

いのちのことば社

はじめに

第6回日本伝道会議　大会会長　中台孝雄

初めに第6回日本伝道会議（ＪＣＥ６）に参加してくださった皆様に心より感謝いたします。同時に、開催の準備にあたってくださった開催地委員会の皆様と神戸・阪神・関西地区の諸教会の皆様に心からの感謝を申し上げます。

私たちキリスト教会は、歴史を重んじてきました。永遠の神のみことば・聖書に基づいて歩みを進めながら、過去・現在・未来に思いを向け、どのように歩んできたのか、今どのような状況の中でどのような責任が与えられているのか、そして今の私たちの決断と取り組みが未来に向けてどのような影響を残していくことができるのか。そうしたことを考えながら、会議を重ね、信仰告白を繰り返し、教会の歴史を進めてきました。

現在の私たちにとって当たり前と思えることも、過去の教会の聖書と時代に対する深い思索と理解と決断があればこそ、というものも多くあります。今回の日本伝道会議における取り組みも、次の時代に大きな影響を残していくことと信じています。

本書は、日本の教会とその宣教にとって大きな意味を持つ第6回日本伝道会議（ＪＣＥ6）の公式記録であるとともに、そこには次の伝道会議（ＪＣＥ7）に向けての礎石となる「福音・世界・可能性」理解の鍵が開かれています。ＪＣＥ6に参加された方はもとより、参加されなかった方々も、ここからそのエッセンスを汲み取って、これからの日本の教会と宣教をともに考え遂行していく協働に、ぜひ参画していただきたいと願います。

ＪＣＥ6では、講師としてイギリスからクリストファー・ライト先生をお迎えしました。一九七四年に第1回日本伝道会議が京都で開かれたときは、主講師としてイギリスからジョン・ストット先生を――すでに召されましたが――お迎えしました。その一か月後にスイスのローザンヌで第1回ローザンヌ世界宣教会議が開かれました。同じジョン・ストット先生を中心として「ローザンヌ誓約」が起草され、私たちにとっての大きな道標となりました。さらに一九八九年に第2回ローザンヌ世界宣教会議が開かれ、再びジョン・ストット先生が中心となって「マニラ宣言」が作られました。そして二〇一〇年の第3回ローザンヌ世界宣教会議でまとめられた「ケープタウン決意表明」を中心となって作成したのがクリストファー・ライト先生でした。そういう意味では、世界の動きと私たち日本での伝道会議の動きが連動するようにして今回ジョン・ストット先生の後継者と言われているクリストファー・ライト先生をお招きすることができたことは大変意義深いことでした。

さらに伝道会議当日は、会場にずらりと並んだテーブルに多くの方が感動されたのではないでしょうか。今回は伝道会議の持ち方を大きく見直し、第3回ローザンヌ世界宣教会議で行われたテーブルミーティングをさらに日本向けにバージョンアップさせた「コイノニア」を採用しました。このコイノニアはあらゆる会議や大会、また教会でも用いられるとても有効なものだと思います。もちろん会議の形態だけでなく、内容にも多くの方々から高評をいただきました。しかし私たちがこの伝道会議で目指していることは「継続」です。次回の日本伝道会議は二〇二三年に開催することがすでに決まっています。それまでに私たちが取り組もうとしていることをここに記録としてまとめました。このことを多くの方々に知っていただくことで、第7回日本伝道会議（JCE7）に向かって宣教協力がさらに広げられ、深められることを期待しています。

目次

プロジェクト……107

JCE7に向かって……152

第6回日本伝道会議の理念

JCE6実行委員会

そして、エリシャは祈って主に願った。「どうぞ、彼の目を開いて、見えるようにしてください。」主がその若い者の目を開かれたので、彼が見ると、なんと、火の馬と戦車がエリシャを取り巻いて山に満ちていた。（Ⅱ列王6・17）

再生へのリ・ビジョン《Re-VISION》～福音・世界・可能性～

第6回日本伝道会議（JCE6）が二〇一六年九月二十七日から三十日にかけて神戸コンベンションセンターを会場として開催されました。一九七四年に京都で第1回がもたれて以来、一九八二年（京都）、一九八九年（那須塩原）、二〇〇〇年（沖縄）、二〇〇九年（札幌）と継続されてきた日本と世界の宣教のための会議です。

JCE6のテーマは、「再生への Re-VISION ～福音・世界・可能性～」でした。これは、列王記第二6章17節から取られたものです。強大な軍隊の前でたじろぐ若者の目が開かれ、信仰の目で同じ現実を見直すことができるようになり、そこから、新たな展開が生み出されていきました。同じことが再生を求める私たちにも必要とされています。３・11から五年、１・17から二十年、戦後七十年、日本プロテスタント宣教百七十年を過ぎ、宗教改革から五百年を迎える今、主の働き（福音）とそれが生み出したものの素晴らしさを見直し、時代と世界の文脈にある自らの姿（世界）を見直し、仕える姿とこれからの可能性（可能性）を見直すことをテーマとして掲げました。福音とそのインパクトの素晴らしさを知るならば、キリストに贖われたことの喜びに押し出され、置かれている世界とそこに生きる自分たちの姿を真正面から見据えることができ、主が備えてくださっている可能性に目が開かれ、新旧のチャレンジに取り組むことができる、と信じてこのテーマとしました。

Re-VISION、「見・直す」、これは決して、ＪＣＥ６から始まったものではありません。二〇〇九年に開催されたＪＣＥ５（札幌）で二つの点から伝道会議が「見直されて」きました。まず、七年に一回、会議を定期的に開催することが決められました。ＪＣＥ６は、ＪＣＥ５のテーマを掘り下げ、実践を継続しつつ、この七年間に起こった出来事に注目して、ＪＣＥ７（二〇二三年）への展望を具体的に描く位置づけにあります。前回を振り返り、次へと目標を定めつつ、今を考える会議となりました。

もう一つはプロジェクトの導入です。宣教の具体的働きが、時代の求めに応じるがために断片的になりやすかったものを「チームで、継続して進める」ことへと見直し、七年ごとの会議をそれぞれのプロジェクトの里程としました。会議のために何かを進めていくのではなく、各プロジェクト参加者が継続して活動を進めつつも、その「見直し」の機会として伝道会議を用いるようになりました。中長期的な視野で、日本・アジア・世界を見据え、宣教の夢を描き、次の伝道会議に向かって歩み出すことができるようになりました。

ＪＣＥ５からの遺産を見直しつつ、ＪＣＥ６ではどのような幻（VISION）を見ようとしているのでしょうか。引き継いだプロジェクトを、新たに導入したコイノニアとアナロギアと組み合わせて、日本と世界に住む大切な方々に福音をともに届けることができる宣教協力のインフラを造る、です。「楽しいインフラ造り」が合い言葉です。

プロジェクト

プロジェクトを見直して、十五としました。うち十二は、六つの分野に分けられます。聖書信仰の成熟、日本社会と宣教（神学）、教会と「国家」、持続可能な社会の構築（社会）、災害対応を通して仕える教会（援助協力）、ファミリーミニストリー（女性）、ディアスポラ宣教協力、ビジネス宣教協力、教会開拓・増殖、痛みを担い合う教会（宣教）、青年宣教、子ども（青年）。神学、社会、援助協力、女性、宣教、青年という六分野は、日本福音同盟（ＪＥＡ）の六専門委員会と重なっています。六分野全体を支える総合プロジェクトとして、日本宣教170➤200、宣教協力とそのインフラ造り、教会の誠実さへの変革の三つを進めました。プロジェクトはＪＣＥ６のプログラムの中核であり、宣教協力のエンジンです。会議への参加者はみな、どれかのプロジェクトに加わりました。次世代の働き手を含んで構成されているプロジェクトのチームとともに、宣教の具体的な働きを積極的に推し進めていくためです。ですから、それぞれのプロジェクトは、宣教の興味ある分野の学びの時ではなく、ＪＣＥ７以降に向かうロードマップを分かち合うことを通して、自立と連携に立った宣教協力を進めていく場なのです。

コイノニア

参加者は、大きな会場に集まって、プロジェクトの担当者が発表する内容を聞くだけではありませんでした。一日の半分は、講演とそれに続くコイノニアという八人のグループによるディスカッションで構成されていました。コイノニアは、同じプロジェクトに参加している者によって構成されています。ですから、講演や発表についてじっくりと話し合うごとに、よく似た問題意識をもった方々との人格的な「交わり」（コイノニア）が深められ、ともに神の働きに遣わされている地域や教団・団体において「参与する」（コイノニア）のです。これまでの伝道会議は、一方向から語られるものでした。そのために、参加者が主体的に関わり、互いの交わりと友情を築き、宣教協力のきっかけとなるような出会いの機会はほとんどありませんでした。しかし、ＪＣＥ６の「会議」はコイノニアにおいて進められていきますから、だれ一人としてお客さんとなることはありません。それぞれがプロジェクトのチームの一員となり、働きを担う者となるのです。コイノニアを通して生み出されたネットワークを活用して、情報を共有し、助け合い、祈り合いつつ、ともに宣教のわざに参与するのです。

アナロギア

プロジェクトの具体的働きがそれぞれの地域や教団・団体で進められることをＪＣＥ６は目指しています。この具体的働きを進める場がアナロギアです。「アナロギア」とは「相似」という意味のギリシア語です。ＪＥＡの六専門委員会、すなわち神学、社会、援助協力、女性、宣教、青年と相似のアナロギア委員会をそれぞれの地域や教団・団体で生み出し、そこで宣教協力を進めます。ＪＣＥ６がアナロギア委員会を生み出すきっかけとなることを願い、コイノニアやプロジェクトごとにもたれるワークショップを通して出会いを大切にしました。それとともに、もうすでにそれぞれの地域や教団・団体にある宣教のための委員会が核となって、アナロギア委員会を始めることができます。心動かされ、つなげられた者たちや既存の委員会が各分野のプロジェクトの具体的なわざを、それぞれのところで小さな働きとして進めていき、結果として、生まれてきたアナロギア委員会が継続されていくよう願っています。それと同時に、ＪＣＥに関わっている教団・団体が積極的にイニシアティヴをとって、それぞれの宣教のための委員会をアナロギア委員会とすることが願われています。

ＪＥＡの六専門委員会がアナロギア委員会を結ぶハブとして働きます。専門委員会とつながることを通して、それぞれのアナロギア委員会はさまざまな地域や教団・団体とつながり、さらにはアジアや世界の福音的な教会の同分野の人や働きとつながることができます。これまでですでに蓄えられたさまざまなノウハウやビジョンが、地域を越えて、そして教団・団体を越えて、結び合わされていきます。新たな連携が生まれてきます。現在、ＪＥＡの理事が各専門委員会の担当者として地域、教団・団体、アジア、世界をつなげる働きを支えることを始めています。そして、「宣教協力とそのインフラ造り」プロジェクトの大切な目標のひとつは、アナロギアを通してプロジェクトの働きを全国展開していくという仕組みをしっかりと組み立てていくことです。

開催地の神戸では、二年以上前から六つの神戸アナロギア委員会を始めています。神戸社会アナロギア委員会は「社会」の分野に関連する「教会と国家」や「持続可能な社会の構築」という二つのプロジェクトと連絡をとりながら、宣教協力としての研究会を何度も開催しています。神戸青年アナロギア委員会は、「青年宣教」プロジェクトやＪＥA青年委員会と連携して、セミナーや青年集会を進めてきています。それぞれのアナロギア委員会が自立しつつ、ＪＥＡの専門委員会や他の地域や各教団・団体の働きと連携していこうとしています。同じことが、日本中のあらゆる地域やあらゆる教団・団体で始めることができるのです。

プロジェクトに加わり、コイノニアで交わり、ワークショップで全国展開のために紡ぎ合わされ、具体的な宣教協力がアナロギア委員会という形でつながり、地域と教団・団体に根ざしてともに働き、日本と世界の宣教が進められる。そんな幻をＪＣＥ6は見ています。参加型、継続型、プロセス重視型の宣教協力こそ「再生への Re-VISION」の具体的な形です。

ＪＣＥ６は終わりました。私たちは「楽しいインフラ造り！」の助走をし、風を感じました。そして、参加者一人ひとりが福音の素晴らしさを知り、宣教の渦に巻き込まれ、紡ぎ合わされ、それぞれの場所に遣わされていきました。二〇二三年に名古屋で開催される予定であるＪＣＥ７へ向けて、宣教協力の働きが継続して進んでいくように、ともに全力で羽を広げて跳躍しつつ、祈り励んでいきましょう。

主題講演　クリストファー・ライト

クリストファー・J・H・ライト

聖書、特に旧約聖書の宣教と倫理の説教者であり教育者、ランハム・パートナーシップ国際総主事。

1947年、宣教師を両親として北アイルランドのベルファストで生まれ、ケンブリッジ大学で神学を学び（博士号）、1977年に英国国教会の牧師となり、ケント州で牧会。1981年からインドの神学校で教え、5年後帰国しロンドンのオールネーションズ神学校で教務、続いて1993年から校長となる。創始者である先代のジョン・ストット師の招きによって、出版、奨学金、説教セミナーなどで世界の福音的教会と神学校に仕えるランハム・パートナーシップの国際総主事に2001年就任。

ローザンヌ世界宣教運動の神学部門長（2005～2011）として2010年の第3回ローザンヌ世界宣教会議で主題講演をし、福音主義教会の宣教の理念と実践の基準を示す「ケープタウン決意表明（Cape Town Commitment）」の主筆を務めた。

著書は申命記、エゼキエル書の註解書、『神の宣教』（東京ミッション研究所から邦訳）、『神の民の宣教』、『旧約聖書の神の民の倫理』など多数。余暇にジョギング、ラグビー観戦を楽しみ、リズ夫人とともにロンドンに住む。4人の子ども、9人の孫。

〔通訳・翻訳〕藤原淳賀

青山学院大学教授・宗教主任
日本バプテスト連盟恵約宣教伝道所牧師

主題講演Ⅰ　再生へのリ・ビジョン（Re-VISION）

列王記第二　6章8節～23節

アラムの王がイスラエルと戦っていたとき、王は家来たちと相談して言った。「これこれの所に陣を敷こう。」そのとき、神の人はイスラエルの王のもとに人をやって言った。「あの場所を通らないように注意しなさい。あそこにはアラムが下って来ますから。」イスラエルの王は神の人が告げたその場所に人をやった。神の人が警告すると、王はそこを警戒した。このようなことは一度や二度ではなかった。このことで、アラムの王の心は怒りに燃え、家来たちを呼んで言った。「われわれのうち、だれが、イスラエルの王と通じているのか、あなたがたは私に告げないのか。」すると家来のひとりが言った。「いいえ、王さま。イスラエルにいる預言者エリシャが、あなたが寝室の中で語られることばまでもイスラエルの王に告げているのです。」王は言った。「行って、彼がどこにいるかを突き止めなさい。人をやって、彼をつかまえよう。」そのうちに、「今、彼はドタンにいる」という知らせが王にもたらされた。そこで王は馬と戦車と大軍とをそこに送った。彼らは夜のうちに来て、その町を包囲した。

神の人の召使いが、朝早く起きて、外に出ると、なんと、馬と戦車の軍隊がその町を包囲していた。若い者がエリシャに、「ああ、ご主人さま。どうしたらよいのでしょう」と言った。すると彼は、「恐れるな。私たちとともにいる者は、彼らとともにいる者よりも多いのだから」と言った。そして、エリシャは祈って主に願った。「どうぞ、彼の目を開いて、見えるようにしてください。」主がその若い者の目を開かれたので、彼が見ると、なんと、火の馬と戦車がエリシャを取り巻いて山に満ちていた。アラムがエリシャに向かって下って来たとき、彼は主に祈って言った。「どうぞ、この民を打って、盲目にしてください。」そこで主はエリシャのことばのとおり、彼らを打って、盲目にされた。エリシャは彼らに言った。「こちらの道でもない。あちらの町でもない。私について来なさい。あなたがたの捜している人のところへ連れて行ってやろう。」こうして、彼らをサマリヤへ連れて行った。

彼らがサマリヤに着くと、エリシャは言った。「主よ。この者たちの目を開いて、見えるようにしてください。」主が彼らの目を開かれたので、彼らが見ると、なんと、彼らはサマリヤのど真ん中に来ていた。イスラエルの王は彼らを見て、エリシャに言った。「私が打ちましょうか。私が打ちましょうか。わが父よ。」エリシャは言った。「打ってはなりません。あなたは自分の剣と弓でとりこにした者を打ち殺しますか。彼らにパンと水をあてがい、飲み食いさせて、彼らの主君のもとに行かせなさい。」そこで、王は彼らのために盛大なもてなしをして、彼らに飲み食いさせて後、彼らを帰した。こうして彼らは自分たちの主君のもとに戻って行った。それからはアラムの略奪隊は、二度とイスラエルの地に侵入して来なかった。

第6回日本伝道会議にお招きをいただき大変な誇り、また特権に感じております。特に、第1回日本伝道会議のスピーカーがジョン・ストット先生でしたので、一層光栄に感じております。ジョン・ストット先生からのご挨拶をお届けできたらよかったのですが、先生は今や主とともに天におられます。しかしストット先生は、私がこのようにここに招かれたことを喜んでくださると思います。神のみことばから社会にどう関わっていくか、このことをお分かちできることをとても楽しみにしてまいりました。

今回のテーマは「リ・ビジョン（Re-VISION）」です。ビジョンを新たにするということ、それは目が開かれて新たに見るということです。私たちは時に、かつて見ていた見方よりも変わった仕方で、目が開かれてものを見なければならないことがあります。前回の日本伝道会議からの七年で、世界は変わってまいりました。教会も変わってまいりました。神は、すべてのものを新たになさるお方です。ですから神に、私たちはどのような見方をしていかなければならないのか、ということをお尋ねすべきでしょう。私たちの信仰の目が、新たに開かれていく必要があります。

肉体的な目だけでは見ることができないもの、それを信仰の目によって見るのです。私たちは外面を見ますけれども、神は私たちの心の内を見られます。約束の地を偵察に行ったスパイのように、私たちは巨人を、大きな敵を見るかもしれません。しかし神は、そこにおける勝利を見られるのです。私たちは、ミッションにおける気づきを新たにしていかなければなりません。福音を、そして与えられている機会を、神が見ておられるように見ていかなければなりません。

私は、神の日本の教会に対するプランはこうである、と告げるためにここに来たわけではありません。私は、神が皆様がたにそのことを明らかにしてくださることを祈ります。

この列王記第二の箇所を見ていきたいと思います。この箇所において二つの、目が開かれる経験が記されています。

第一に、エリシャの仕え人、しもべの目が開かれたということ。神がそれをなさったということです（16、17節）。神がしもべの目を開かれた、すると神の臨在が現れました。エリシャのしもべは朝、目を覚まし、窓から外を見ます。敵の兵たち、そしてまた馬車がたくさんある、それを見たのです。丘がすべて敵で埋められていました。そして彼は「もうだめだ」と思いました。エリシャと彼と二人、周りは全員敵でした。その中で勝てるわけがない。二人の男vs.軍隊。もうこれは絶対無理だというような状況でした。神の民はここで二人しかいないのです。一人の預言者とそのしもべ。彼は当然、「われわれは小さすぎる。力がない。無理だ」と感じたことでしょう。おそらく彼らは、逃げたい、隠れたいと思ったことでしょう。しかし神は、このしもべの目を開かれました。そして、ここにある霊的なリアリティーが何なのかということを見せてくださったのです。そのときに彼らが見たもの、それは神の軍勢が大勢その場を取り囲んでいたという事実でした。それによって彼の目は開かれ、状況の見え方が変わったのです。

このしもべが知っていたに違いない聖書の箇所を考えるならば、過去に似たような場面があったことを彼は思い出したことでしょう。神がモーセを、またアロンをエジプトに送られた場面を覚えているでしょうか。モーセは八十歳。アロンは三歳上でしたから八十三歳です。彼らが持っていたものは一本の杖だけでした。モーセの羊飼いとしての杖一本。この二人はエジプト帝国に行かなければならなかったのです。八十歳を超えた老人二人に対するところのエジプト帝国。これは大変な状況です。しかしモーセに対して、神が燃える柴の中から語られたことを覚えているでしょうか。「わたしはあなたとともにいる。」そして神が勝利されたのです。モーセとアロンがエジプトに行き神の民を導き出したこの物語を、エリシャのしもべも知っていたでしょう。

そしてまたダビデ王の物語も、彼は知っていたことでしょう。ダビデは羊飼いの少年でしたが、ゴリヤテに立ち向かって行ったのです。一人の少年です。それに対するところの巨人の兵士、そしてペリシテ人の軍勢がそこにいました。ダビデはそこでゴリヤテにこう語るのです。

「おまえは、剣と、槍と、投げ槍を持って、私に向かって来るが、私は、おまえがなぶったイスラエルの戦陣の神、万軍の**主**の御名によって、おまえに立ち向かうのだ。きょう、**主**はおまえを私の手に渡される。私はおまえを打って、おまえの頭を胴体から離し、きょう、ペリシテ人の陣営のしかばねを、空の鳥、地の獣に与える。すべての国は、イスラエルに神がおられることを知るであろう。この全集団も、主が剣や槍を使わずに救うことを知るであろう。この戦いは主の戦いだ。主はおまえたちをわれわれの手に渡される。」（1サムエル17・45～47）

エリシャのしもべは、そのことを知らなければならなかったのです。それはどうでしょうか。このテキストを通して神が私たちに語っておられることは何でしょう。それは、私たちが福音に対する信頼を持つということです。福音は、天国に行くために必要な単なる手段や定式でなく、聖書全体の物語の意味なのです。パウロが語ったように、福音は救いを得させる神の力なのです。福音というのは、神が働いておられ、私たちを解放するものなのです。福音とは神がなさること、してこられたこと、そしてこれからなさることです。

エリシャのしもべのように私たちは、神の臨在において目が開かれる必要があります。神は私たちとともにおられます。そして私たちは神の力を見なければなりません。神にとって不可能なことがあるでしょうか。第一に、目が開かれるという経験が必要なのです。エリシャのしもべは神の臨在と力を見たのです。そして私は、そのことが今日、今週、起こることを願っています。

第二に、敵の兵士たちの目が開かれました。そして神の民の憐れみともてなしを見たのです（Ⅱ列王6・20～23）。この状況をちょっと想像してみてください。これは面白い話、コミックとさえ言ってよいのではないでしょうか。この兵士たちはエリシャを捕らえに来たのです。しかし急に目が見えなくなりました。状況がわからなくなったのです。そして捕まえようとしたエリシャがやって来て、「大丈夫です。

私があなたがたを連れて行ってあげましょう」と、サマリヤの町の真ん中に彼らを導いて行く。イスラエルの首都です。彼らにとっての敵の陣地のど真ん中です。

そして主は、敵の兵士の目を開けました。兵士たちは自分たちがサマリヤにいることに気づきます。ダマスコではないことはわかります。周りにいる人々はシリヤ人ではないのです。そして敵のど真ん中に自分たちはいるのだということがわかります。イスラエル人のただ中にいる。そして笑っている。彼らは何を予期したでしょうか。おそらく彼らは、これでもう殺されてしまうと思ったことでしょう。そういうことを、敵に対して通常行っていましたから。シリヤの兵士たちは「これで終わりだ。われわれはもう死ぬんだ」と思ったでしょう。持っていたものを全部そこへ投げ出したかもしれません。そして処刑されることを予期したでしょう。

しかしながら、そうはならなかったのです。イスラエルの王はエリシャに聞きました。「この兵士たちを殺しましょうか」と。しかしエリシャはこう答えるのです。「そうではない、殺してはならない。食べ物を与えなさい。もてなしなさい。彼らは空腹なのだから。」そして、国へ帰らせてあげなさいと言うのです。彼らのために素晴らしい食事を用意して食べさせ、飲ませたのです。私の聖書にはそこに感嘆符が付けてあります。敵の兵士を食事でもてなす！　そしてお腹いっぱい飲んで食べた後に本国へ返してあげる！

それによって彼らが、ヤハウェの神を信じるようになったわけではありません。国に戻り、それからどうなったかわかりません。また別のときに攻めて来たということも、あったのかもしれません。しかしここではっきりしていることは、神の民ではない外国人が、神の民を通して、神の憐れみを経験したということです。神の民イスラエルの憐れみを体験しました。神が、神の民を通して、憐れみを異邦人に表したのです。兵士たちはそんなことは予期していなかったでしょう。でも、それが実際に起こったのです。帰る道で彼らはおそらく問うたでしょう。イスラエルの民はなんという奴らなんだ。なんという神を彼らは礼拝しているのだ、と。

6章のこの箇所は、神を信じるという回心のストーリーではありません。回心のストーリーはその前の5章で起こっています。列王記第二の5章にはナアマンが出てきます。ナアマンはシリヤの軍隊の長でしたけれども、皮膚病を患っていました。そしてイスラエルに来ます。預言者エリシャを通して、彼はその病の癒やしを経験するのです。そしてイスラエルの神ヤハウェを信じるように、回心を経験していくのです。エリシャの前に彼は立ちました。そして彼は言うのです。「私は今、イスラエルのほか、世界のどこにも神はおられないことを知りました。」ナアマンはシリヤに、ヤハウェを礼拝する者として戻って行きました。

彼の目も開かれたのです。そして神の恵みを経験しました。かつて彼はプライドに満ちた人物でした。しかしながら、言われたことをそのまま行うだけの謙虚さを身につけていったのです。列王記第二の5章、6章に、二つの回心あるいは目が開かれる経験が記されています。この二つの物語は意図的に並べられたのだろうと私は思っています。なぜならばこの二つの物語はどちらも、外国人がイスラエルの神によって恵みを受ける物語だからです。

これはイスラエルの民にとっても「リ・ビジョン（Re-VISION）」、ビジョンを新たにする経験であったことでしょう。ヨナの物語、あるいはルツの物語にも表されていますが、これらの物語はアブラハムに神がなさった約束、契約を守っておられることの現れでもあります。神はアブラハムに約束をされました、「地上のすべての民族は、あなたによって祝福される」と（創世記12・3b）。それは究極的には福音を通して、すべての国々に与えられていく恵みでした。しかしながら旧約聖書におきましても、いくつかの具体的な、このような例が実際に記されています。

ソロモンが神殿を造ったときの祈りを見てみましょう。列王記第一8章に記されています。ソロモンは主のために神殿を建てました。そして献堂の式典を持ちました。そこで彼は祈るのです。「また、あなたの民イスラエルの者でない外国人についても、彼があなたの御名のゆえに、遠方の地から来て――彼らは、あなたの大いなる御名と、力強い御手と、伸べられた腕について聞きますから――この宮に来て祈るとき、あなたご自身が、あなたの御住まいの所である天でこれを聞き、その外国人があなたに向かって願うことをすべてかなえてください。そうすれば、この地のすべての民が御名を知り、あなたの民イスラエルと同じように、あなたを恐れるようになり、私の建てたこの宮では、御名が呼び求められなくてはならないことを知るようになるでしょう。」（41～43節）

これは驚くべき祈りではないでしょうか。皆さんは、ソロモンはこのイスラエルの宮に外国人が入らないようにしたいと思った、と思うかもしれません。しかしそうではありません。ソロモンは、「外国の人たちもヤハウェの神殿に来たいに違いない。神のことを聞いたら絶対ここに来たいに違いない」、そう思って、彼らのために祈っているのです。そして彼らは実際に来たのです。

ソロモンの時代に、エルサレムは国際的な都市になっていきました。多くの国々から人々がエルサレムにやって来ていました。ビジネスで来た人もいましたし、貿易をしていた人、あるいは外交官も来ていました。ソロモンを長として大学のようなものがあり、文化的にも発展していました。旅行で来ていた人たちもいました。シバの女王のように、この偉大なソロモンの都というのはどういうものなのか、見に来た人たちもいました。

ですからソロモンは、まだ神に属していない多くの外国人のことを考え、彼らのために祈ったのです。多神論的な世界でしたから、おそらくイスラエルの神に対しても彼らは祈るだろうとソロモンは考えました。イスラエルに対する礼儀のためにでも祈るであろうと。「イスラエルの神ヤハウェの町に来たのだから、そのヤハウェに祈ろう」と彼らは思うかもしれない、ソロモンはそう考えました。

そしてソロモンは、こう祈っているのです。「神さま、彼らが求めているものに答えてあげてくださ い」と。ソロモンは起業家であったと言ってもいいでしょう。ですから顧客の必要に答えようとしたのです。「神さま。外国の人が来た場合でも、どうか祈りに答えてあげてください」と訴えているのです。「あの人たちの祈りに神さまが答えてくださったら、どうなるでしょうか。きっと彼らは家族にも伝えるでしょう。周りの人もその話を聞いてイスラエルにやって来て、あなたのことを次第にあがめるようになるのではないですか」と。

ソロモンは神の名前「ヤハウェ」が世の終わりまですべての地においてあがめられることを求めています。これは宣教的な祈りではないでしょうか。もちろん、ソロモンが「宣教師」だったと言っているのではありません。また、彼の結婚生活についてはいろいろ問題がありました。しかしソロモンは、神がどういうお方であるかということを人々に知ってほしかったのです。外国の人々がこのヤハウェに出会うときに、そしてこの神殿に来るときに、彼らの人生が変えられ、そして神をあがめるようになっていく。それが列王記6章と5章で実際に起こっているのです。

これらのことは神殿で起こったわけではありません。ナアマンの出来事も、エリシャのしもべの出来事も、外国の人が外からやって来て神に出会った出来事でした。預言者を通して彼らは神の民に出会ったのです。そして神をあがめました。神の民に出会ったことで、彼らは変えられたのです。ナアマンの癒やし、回心。そして兵士たちが神の憐れみと親切さに触れたこと。驚くべきことでした。

では私たちは、教会外の人たち、外の世界をどういうふうに見ればよいのでしょうか。まだクリスチャンでない人々をどのように見たらよいのでしょうか。ほかの信仰を持っておられる方々を、あるいは無神論の方々をどのように理解し、見ていったらいいのでしょう。彼らは敵でしょうか。神の敵なのでしょうか。ある意味ではそういう面もあると思います。でも私たちは皆、かつては神の敵だったのではないでしょうか。そして、私たちに対してたとえ彼らが敵対的な態度をとっていたとしても、イエス・キリストは命じられました、「あなたの敵を愛しなさい」。外にいる方々を愛しなさいと命じられたのです。神の民に属していない人々も愛しなさいと、主は私たちに命じられたのです。それが、私たちに対して敵対的な人であったとしても。

私たちはなぜ敵を愛するべきなのでしょうか。それはまず第一にイエスさまが、神が、そのように命じられたからです。マタイ5章ではっきりとそのことは語られています。神は、悪い人にも良い人にも太陽を昇らせ、雨を降らせ、すべての人に恵みを与えられると教えてくださいました。なぜ私たちは外にいる人たち、外国の人たち、敵すらも愛すべきなのでしょうか。それは、神がそのように愛されたからです。あの十字架を通して。私たちがまだ神に敵対していたときに、神はすでに私たちを愛されたのです。

これらの物語は、教会の外におられる方々、まだ信仰を持っておられない方々に対する私たちの見方を変えていくと思います。思い出してください、敵の兵士たちの目が開かれたのです。ということは、いわば「敵」、教会の外におられる方々は、教会にいる方々「クリスチャン」をどのように見ているのでしょうか。こういう質問をされると嫌だなあと感じている方もいらっしゃると思いますけれども……。

私が住んでいるイギリスでは、ノンクリスチャンの方々がクリスチャンに対して持っている態度は、しばしば非常に否定的なものです。日本ではどうでしょうか。私は日本の状況をよく存じ上げていませんが、日本においてノンクリスチャンの方々がクリスチャンに対して、また教会に対してどういう印象、感情を持っておられるでしょうか。否定的に見ておられるでしょうか。あるいはクリスチャンのことを、神のように、恵み深く愛が溢れていて、素晴らしい方々と見ておられるでしょうか。これらの物語を通して私たちは、ほかの人々がわれわれをどう見ているのか、われわれは自分を何者だと理解しているのか、ということを問うのです。

このテキストから二つの、目が開かれるということをお話ししてきました。エリシャのしもべの目が開かれて神の臨在と力を見ました。そして敵のシリヤの兵士たちの目が開かれて神の民の憐れみともてなしを見ました。第三に申し上げたいことは、私たち自身の目が開かれるということです。神の民として、また神の教会として、私たちは何者なのかということについて目が開かれなければなりません。私たちがここにいることの意味は何なのか。

なぜならば、この列王記6章は、敵の兵士の物語だけではないのです。これは神の民の正典である旧約聖書の中に記されている物語なのです。イスラエルの王に関する物語です。そして、イスラエルの預言者の物語です。旧約聖書のイスラエルの物語の中に含まれている重要な物語なのです。問わなければならないことは以下のことです。イスラエルの民とは何者なのか。彼らはなぜ存在しているのか。イスラエルという民を神はなぜ造られたのか。イスラエルの民がなすべき働きは何だったのか。

シナイ山において神は、出エジプト記19章でそのことを語っておられます。神は神の民を、奴隷であったところから自由になるように導き出されました。そしてシナイ山へと導かれました。そして神が十戒を与える前の箇所、それが19章です。出エジプト記19章4～6節、「あなたがたは、わたしがエジプトにしたこと、また、あなたがたを鷲の翼に載せ、わたしのもとに連れて来たことを見た。今、もしあなたがたが、まことにわたしの声に聞き従い、わたしの契約を守るなら、あなたがたはすべての国々の民の中にあって、わたしの宝となる。全世界はわたしのものであるから。あなたがたはわたしにとって祭司の王国、聖なる国民となる。」

この民に対して神は、「あなたがたはこういう民なのだ」ということを、この場面で語られています。

第一に、あなたがたはわたし（神）が贖ったのだと。あなたがたのためにわたしがしたことを、あなたがたは見てきた。彼らは確かに経験したのです。この三か月前にはエジプトで奴隷状態でした。多くの抑圧を経験していました。経済的な、政治的な、社会的な、精神的な、あらゆる抑圧を経験していました。神はその状態から彼らを導き出されたのです。そして愛をもって、恵みをもって、憐れみをもって彼らを扱われました。それが最初に与えられたのです。神は律法について、また従順について語られる前に、恵みを注がれたのです。そして導き出されたのです。出エジプトの残りの箇所は全部、神の恵みと憐れみと導きという基盤の上に成り立っているのです。そして私たちも同様なのです。

ペテロの手紙第一2章においてペテロが語ったように、神はわたしたちを暗闇の中から光へと導き出されました。私たちもキリストを通して出エジプトの経験をしたはずです。奴隷状態から、自由な民として生きるようにと。霊的な死から永遠のいのちへと。そして神は語られるのです。「あなたがたのために、わたしはこのようにしてきた」と。イスラエルの民と同じように、私たちは「贖われた民」なのです。そしてまたイスラエルの民に、「あなたがたはわたしを、世に対して現す民となっていく」と語られているのです。それが「祭司の王国」ということばが意味することです。なぜならば祭司というのは、神と世の間に立って神のことを語るからです。旧約聖書において祭司には、神の戒めを人々に教える責任がありました。祭司を通して神のことが人々に知られるようになっていくのです。そしてまた祭司の役割は、人々のささげもの・犠牲を神へと持って行くことです。祭司を通して人々は赦しを、また贖いを、神から受け取ることができるのです。そして神につなぎ合わされて、神の民として、神とともに交わりを持つことが回復されました。ですから祭司は神のことを人々に伝え、人々を神のところへと導いて行きました。

神はこのことをイスラエルの民に語られました。「イスラエルよ、あなたがたはわたしのために存在する。地上のすべての民の中にあって、あなたがたはわたしのために存在する。それが、あなたが祭司であるということである。あなたがたを通し、人々にわたしは自らを明らかにしていく。そしてあなたがたを通し、すべての民をわたしのもとに導いてくる。」そしてそれは、究極的には、救い主イエス・キリストを通して起こることなのです。究極的にはイエス・キリストを通してのみ、それは可能なのです。そして神の民として私たちもイスラエルと同じように召されているのです。

ペテロの手紙第一2章9節に、あなたがたがそのような民なのだと言っています。「あなたがたは、選ばれた種族、王である祭司、聖なる国民、神の所有とされた民です。それは、あなたがたを、やみの中から、ご自分の驚くべき光の中に招いてくださった方のすばらしいみわざを、あなたがたが宣べ伝えるためなのです。」これが、私たちのミッションに含まれていることです。私たち神の民を通し、人々は神がどういうお方であるのかということを知るのです。ですから聖書はこう語ります、「あなたがたは聖なる民でなければならない」と。聖なる民、それは基本的に他とは異なる性質を持っているということなのです。

必ずしも「宗教的」であるということではありません。神はイスラエルの民に対して「宗教的な民になってほしい」と言われているわけではないのです。世界中どこでも皆、何らかの宗教を持っていました。神が「聖なる民」であってほしいと言うときに、宗教的な人になってほしいと言われているわけではないのです。神はあなたがたに、ほかの民とは異なる民になってほしいと願っています。経済的な生活において、あるいは家族の生活において、ほかの人とは異なった神の性質を現した生き方をしてほしい、と言われているのです。ですからミッション（宣教・使命）というのは、私たちが何を語るかだけではなくて、いかに生きるかということが含まれるのです。それがペテロの手紙第一2章で語っている内容です。あなたがたは、神によって暗闇からすばらしい光の中へと導き出された民なのだ。だからあなたがたは、神がいかにすばらしいお方であるかということを人々に宣べ伝えるのだ、と。分かち合うべきメッセージがあるのです。語るべきことばがあるのです。そして世に対して私たちが示していくべき生き方があるのです。

次の節でペテロは語っています。ですから、人々の間にあって、そのような善き生き方をしなさい、と。人々はあなたがたの善い働きを見るであろう。そして天におられる父のことをあがめるようになる、と。ペテロはもちろん自分がイエスさまに言われたことをそこに繰り返しているのです。

出エジプト記19章のこの箇所で、神はイスラエルの民に、あなたがたはこういう民なのだということを語り、そしてあなたがたにはこういう生き方をしてほしいのだ、ということを語っておられるのです。私たちのミッション（宣教・使命）、それはイスラエルの民と同じように、そのように語り、そのような生き方をしていくということです。私たちは、私たちがそのただ中にあるストーリー（物語・出来事）を、聖書全体の神の物語を、覚えていなければなりません。神が世界を造られた。その世界は神に敵対した罪の中に陥ってしまった。しかし神はアブラハムに約束をされた。あなたを通して世界中のすべての民が祝福を受ける、と。

そしてイエス・キリストを通して、キリストの死と復活を通して、神はそのことを成し遂げられたのです。そして人々が「神の民」として生きるようにと、神は私たちを、神の民を、送り出されました。まったく新たなる神の再創造において、神が神の国を完成させる、その時まで私たちはその働きをするのです。聖書の出来事・物語のフレームワークの中で、私たちは生きているのです。神のミッションのために、私たちは生き、世に仕えていくのです。

今週、この真理に私たちの目が開かれますようにと願っています。もし私たちがそれを忘れてしまったならば、私たちは文字どおり聖書の物語の本筋から、聖書の生き方から外れることになってしまいます。われわれは自分が何者なのかを忘れてしまうことになります。何のために自分はここにいるのかということを忘れていることになります。

神の働き・ミッションのために、私たちは整えられていくのです。二〇一〇年の第3回ローザンヌ世界宣教会議で「ケープタウン決意表明（コミットメント）」が採択されました。そのパートIの10のAにこうあります。

神の宣教への私たちの参画。神はその民を、神の宣教を共に担うために召している。すべての諸国の教会は、救い主イエスを通して、旧約聖書における神の民から連続するものとして立っている。旧約の神の民と共に私たちはアブラハムを通して召されており、諸国民の祝福と光となるという任務を与えられている。旧約の民と共に、私たちは律法と預言者とを通して形成され、また教えられ、罪と苦難の世にあって聖さと思いやりと正義に満ちた共同体となる。私たちはイエス・キリストの十字架と復活を通してあがなわれ、神がキリストにおいて成された業を証しするために聖霊によって力を与えられる。教会は永遠に神を礼拝し、神に栄光を帰するために、また歴史の中で世を変革する神の宣教に参画するために存在する。私たちの宣教は全面的に神の宣教に由来し、神の全被造物をその対象とし、その中心は十字架のあがないの勝利に根ざしている。これが私たちの属する民であり、その民の信仰を私たちは告白し、その民の宣教を私たちは担うのである。

今日の講演をまとめていきたいと思います。この箇所から学ぶべきこととして、第一にエリシャのしもべの目が開かれて神の臨在と力を見ました。私たち自身も、神の臨在と力に目が開かれるように願っています。第二に、敵の兵士たちの目が開かれ、神の民の憐れみともてなしを見ました。私たちが周りの人たちに対してそのように、憐れみともてなしをする民となっていくことができるように願っています。そして第三に、私たちの目が開かれるように願っています。私たちのただ中にあって神のご支配、臨在がどのようなかたちで進んでいるのかということを、見ることができますように。私たちに敵対しているどのような人に対しても、神が見ておられるように見ることができますように。神の愛をもって、彼らを愛することができますように。そして私たち自身を、神が見ておられるように見ることができますように。われわれは、自分たちが少なく、小さく、弱いと思っているかもしれません。しかし神は、私たちを神の民としてこの国において、また世において選び、目的を持ってここに置かれたのです。

神がともにおられますように。アーメン。

主題講演Ⅱ 「福音（Gospel: Re-visioning the Gospel for all that it is）」

コロサイ人への手紙1章15～23節

御子は、見えない神のかたちであり、造られたすべてのものより先に生まれた方です。なぜなら、万物は御子にあって造られたからです。天にあるもの、地にあるもの、見えるもの、また見えないもの、王座も主権も支配も権威も、すべて御子によって造られたのです。万物は、御子によって造られ、御子のために造られたのです。御子は、万物よりも先に存在し、万物は御子にあって成り立っています。また、御子はそのからだである教会のかしらです。御子は初めであり、死者の中から最初に生まれた方です。こうして、ご自身がすべてのことにおいて、第一のものとなられたのです。なぜなら、神はみこころによって、満ち満ちた神の本質を御子のうちに宿らせ、その十字架の血によって平和をつくり、御子によって万物を、御子のために和解させせくださったからです。地にあるものも天にあるものも、ただ御子によって和解させてくださったのです。あなたがたも、かつては神を離れ、心において敵となって、悪い行いの中にあったのですが、今は神は、御子の肉のからだにおいて、しかもその死によって、あなたがたをご自分と和解させてくださいました。それはあなたがたを、聖く、傷なく、非難されることのない者として御前に立たせてくださるためでした。ただし、あなたがたは、しっかりとした土台の上に堅く立って、すでに聞いた福音の望みからはずれることなく、信仰に踏みとどまらなければなりません。この福音は、天の下のすべての造られたものに宣べ伝えられているのであって、このパウロはそれに仕える者となったのです。

今朝は、福音とは何かということについてお話をしてまいります。私たちは伝道会議に来ているのですから、そんなことはわかっていると思われるかもしれません。しかしながらこの伝道会議は「リ・ビジョン（Re-VISION）」、世界のミッションについてフレッシュにビジョンを持っていく、そのための会議です。ですから私たちは、聖書が「福音とは何か」について語っている事柄をも新たに見ていく必要があります。今朝申し上げたいことを四つの部分に分けてお話しいたします。

最初に、福音の物語（the story of the gospel）、福音とは実際、何なのかについて。二番目に、福音の範囲の広がり（the scope of the gospel）について。福音はどういうことを達成したのか、するのかについて。三番目に、福音の中心性（the centrality of the gospel）について。福音が果たす中心的な役割、福音とはどういったことを一つにつなぎ合わせて統合していくのかについて。そして四番目に、福音の変革（the transformation of the gospel）、福音は何を変革していくのか、福音とは私たちに何を要求しているのかについてお話しします。

第一に、福音のストーリー・物語（the story of the gospel）です。福音とは何なのでしょうか。福音とは、決まり文句や定式ではありません。また福音は、私たちが人々に提供できる単なる良いアドバイスでもありません。あるいは、心の中で何となく心が安らぎ良い気持ちになる、そういう感情的なものだけでもありません。そしてまた福音とは、天国に行く単なる手段でもありません。根本的に、福音とは、実際に起こったこと、そしてそれに関する「良い知らせ」なのです。学生が難しい試験に合格したとき、両親に「合格したよ」と言うでしょう。それは、素晴らしい知らせだからです。誰かと婚約をした、それも良い知らせです。ですから人々に分かち合うでしょう。そしてまた、誰かが病院で死に直面するほど重い病気だったのに治ったならば、それも人々に分かち合うでしょう。良い知らせだからです。ある場合には、良い知らせというのは世界全体に影響を与えます。一九四五年のロンドン。ナチス・ドイツに対する勝利のニュースは良い知らせでした。それは国中で分かち合われた良い知らせでした。なぜならば、歴史を変えるものだったからです。実際に起こったことです。そして世界は、もはや以前と同じではなくなったのです。

聖書の中で用いられている「福音」ということばはギリシア語で「エヴァンゲリオン」です。そのことばから「エヴァンジェリズム（伝道）」そして「エヴァンジェリカル（福音派）」ということばが出てきています。「エヴァンゲリオン」というのは、普通に使われていた「良い知らせ」という意味のことばでした。例えば、ローマ帝国皇帝が戦いに勝利したときに用いたことばです。ローマに勝利がもたらされた、と「エヴァンゲリオン」を宣言するのです。皇帝はその勝利とともに帰って来ました。

使徒たちが世界に出て行ったとき、私たちは彼らが「福音を語った」と言います。彼らは「エヴァンゲリオン」を宣言していたのです。それはローマ帝国の勝利よりも素晴らしいものでした。神ご自身が歴史において何かをなされたのです。そして、その素晴らしい知らせを皆と分かち合うことができるのです。それは、聖書全体のストーリーであり、神がキリストを通してなされた、良い知らせなのです。福音、それは神がなされた良い知らせであり、私たちはその良き知らせを分かち合うのです。

ですから「ケープタウン決意表明」には福音について次のようなことばがあります。パートⅠの８のＢです。

私たちは福音が語るストーリーを愛する。福音は、ナザレのイエスの生と死と復活という歴史上の出来事を良い知らせとして告げる。ダビデの子、約束されたメシアである王なるイエスは、この方を通してのみ、神がその王国を打ち建て、世の救いのために行動し、アブラハムに約束した通りに地上のすべての国民が祝福されることを可能にしたお方である。パウロは福音を定義して、『キリストが聖書に書いてあるとおり私たちの罪のために死んだこと、葬られたこと、聖書に書いてあるとおり三日目に復活したこと、ペテロに現れ、その後十二人に現れたこと』と述べている。福音はこう宣言する。キリストの十字架の上で、神の御子という方において、私たちの代わりに、神は私たちの罪が当然受けるべき裁きをご自分の身に引き受けた。この偉大な救いの業は復活において完成し、証明され、宣言された。この救いの業において、神はサタンと死とすべての悪の力に決定的勝利を勝ち取り、それらの力と恐怖とから私たちを解放し、それらが最終的に破滅することを確実にした。神はあらゆる境界線と敵対関係を超えて、信じる者とご自身との間に、また信じる者どうしの間に、和解を成し遂げられた。神はまた、全被造物の究極的和解という神の目的を成就し、イエスが肉体をとって復活したことを通して、神は私たちに新創造の最初の実を与えてくださった。「神はキリストによって世をご自分と和解させた。」私たちはどんなに福音のストーリーを愛していることだろう！

パウロは、福音とは、ナザレのイエスの十字架と復活を通して実際に起こったことの知らせだというのです。パウロが「聖書に書いてあるとおり」と二度語っていることに気づかれたでしょうか。神がキリストを通してなされたこと、聖書はそのことを記しているのです。ある意味で、福音は聖書の物語全体の内容です。

では、聖書とはどういうものなのでしょうか。ある人たちは、聖書というのはたくさんの規則が書かれているものだと考えています。これが私たちの宗教であり、こういう規則があり、こういうことをしなければならない、それが書かれているのが聖書だと考える人がいます。ある人たちは、聖書というのはたくさんの教理・教えが書かれているものだと考えます。そして、それらの事柄を体系的にまとめなければならない、と考えます。ある人々は、聖書というのはたくさんの約束事が書かれていると考えます。そういう方々は聖書の中の約束事のうち自分に都合の良い部分をつまみ食いするような読み方をするかもしれません。

しかし、神が私たちに与えてくださった聖書というものは、偉大なるドラマ、偉大なる物語のようなかたちで記されているのです。そこには六つの幕を見ることができます。第一幕は神の偉大なる創造の物語です。神は天と地を造られました。そして、それは非常に良かったと語られました。私たちは神が造られた良い地球に生きているのです。第二幕は私たちの罪、堕落です。神から離れていき、神に敵対してきた私たちの姿が描かれています。私たちは神に従わない道を選んで生きてきました。神からの独立を宣言したのです。そして、私たちの生きている世界をひどく壊してしまいました。しかし聖書の物語の第三幕、それはアブラハムから始まるのですが、旧約聖書における神の祝福の約束です。アブラハムに対して神は、「あなたを通し、あなたの民を通し、世界のすべての人々をわたしは祝福する」と語られました。それは偉大なる神の約束です。そして偉大なる希望、偉大なるビジョンです。律法と預言を通して何世紀にもわたって旧約聖書をまたイスラエルを前へと進めていく、偉大なる神の計画です。そして第四幕、それは中心的な物語であるイエス・キリストの物語です。それは私たちが「福音書」と呼ぶ書物に記されています。キリストの誕生、生涯、教え、十字架における死、死者の中からの復活、そして父の右の座への昇天。それが聖書全体の物語の中心的な出来事です。

しかしそこで終わるわけではありません。神はその約束でアブラハムに、すべての国民が祝福されると語られました。そのことは聖書の第五幕、使徒の働きのペンテコステの日から始まっていきます。聖霊が降《くだ》り、弟子たちが聖霊に満たされ、福音を携えて世界中に出て行くのです。私たちは、この聖書の第五幕の中に現在もいます。今日までそれは続いているのです。福音が私たちに、そして世界中に届けられてきています。そして第六幕が来るまでそれが続いていくのです。それは聖書の物語のクライマックス、フィナーレです。私たちの主イエス・キリストがもう一度戻って来られる。死者がよみがえり、最後の審判が行われる。そして新たな世界が、神によって造られます。

聖書の最後のビジョン、黙示録21章、22章。新しい天、新しい地、新しい世界が神によって造られます。そしてすべての民族は神を礼拝するようになるのです。神はアブラハムになさったその約束を、主イエス・キリストを通して成し遂げられるのです。それが聖書の偉大なる物語です。創世記から黙示録まで、天地創造から新たなる天と地の創造まで、それが私たちに与えられた聖書全体の福音・良き知らせです。私たちはその良き知らせを分かち合うのです。世にとって素晴らしい知らせです。国々にとって素晴らしい知らせです。そして、皆さんや私のような一人ひとりの罪人にとっての良き知らせです。それが福音なのです。

このように考えることが、なぜ重要なのでしょうか。福音の伝道は、ただ単に私たちに関する事柄ではないからです。「キリスト教」という宗教への改宗者の数を増やすという、それだけのことではないのです。それは神の偉大なる聖書の物語を証ししていくことなのです。神が、ご自身が造られた世界を救うために何をなさったのかを分かち合っていくことなのです。神の約束、イエス・キリストを通してなしてこられたこと、そしてかの日に神が完成なさる、その出来事を証しするのです。

ですから、福音を分かち合うということは、これらのことすべてを証しすることです。ただ単に私自身の出来事を証しとして語るだけではなく——もちろん、神が自分になされたことをそれぞれが分かち合うことはとても大切なことです。他の人に自分の証しをそれぞれがしなければなりませんが——しかし、私たちは時に、神が「私に」してくださったことだけを分かち合うことで終わってしまい、神がキリストを通してなされたことの全体像を見失うことがあります。福音というのはただ単に、私のこと、私の感情、私の救い、だけではないのです。福音には歴史の中で起こってきた客観的、歴史的真理があります。それが第一の点です。神がイエス・キリストを通してなさってこられた福音、そのストーリー。

これは私たちを、第二の点へと導きます。福音の範囲の広がり（the scope of the gospel）です。神は福音と呼ばれるわざによって何を成し遂げてこられたのでしょうか。もちろん私たちは、福音が私たちに、個人的に罪の赦しをもたらしてくれたことを神に感謝します。私は今ここで皆さんの前に立っていますが、イエス・キリストの血潮によって赦された罪人として立っています。そして皆さんは、イエス・キリストの血潮によってきよめられた罪人として今、話を聞いておられるのだと思います。そのようにして神を賛美するのです。福音が良い知らせだから、神を賛美するのです。

しかし聖書は、福音の広がり・範囲はそれよりもずっと大きなものだと語ります。福音の大きさ・範囲は、神がキリストを通してなしてこられたことによって決まります。神がひとり子イエス・キリストを世に遣わされた、その目的は何だったのでしょうか。ひとり子なるイエス・キリストが十字架でいのちをささげることを通して、神は何を成し遂げようとされたのでしょうか。十字架にかけられ殺されたイエス・キリストが三日目によみがえられたときに、神は何をなさろうとしておられたのでしょうか。新約聖書は非常に大きな広がりをもって、それらの問いに答えます。

「ケープタウン決意表明」から見ていきたいと思います。先ほど読みましたIの8のBの後半です。そこに四つのことを神が成し遂げたことが記されていることを読み取ってください。

福音はこう宣言する。キリストの十字架の上で、神の御子という方において、私たちの代わりに、神は私たちの罪が当然受けるべき裁きをご自分の身に引き受けた。この偉大な救いの業は復活において完成し、証明され、宣言された。この救いの業において、神はサタンと死とすべての悪の力に決定的勝利を勝ち取り、それらの力と恐怖とから私たちを解放し、それらが最終的に破滅することを確実にした。神はあらゆる境界線と敵対関係を超えて、信じる者とご自分との間に、また信じる者どうしの間に、和解を成し遂げられた。神はまた、全被造物の究極的和解という神の目的を成就し、イエスが肉体をとって復活したことを通して、神は私たちに新創造の最初の実を与えてくださった。「神はキリストによって世をご自分と和解させた。」私たちはどんなに福音のストーリーを愛していることだろう！

この中に、神がキリストを通して達成された四つのことがあることに気づかれたでしょうか。もちろん第一は、私たちの罪の赦しです。ペテロがその第一の手紙で語ったように、イエス・キリストが十字架において私たちの罪を担ってくださった。パウロは、罪を知らない方が私たちのために罪となられたと語っています。そしてバプテスマのヨハネは「見よ、世の罪を取り除く神の小羊」と語りました（ヨハネ1・29）。十字架においてこのことがなされたのです。キリストは私たちの罪を背負われました。主をほめたたえます。

また第二に、十字架においてキリストはサタンに対し、また悪に対し、死に対して勝利を成し遂げられました。コロサイ人への手紙2章15節でパウロは、「神は、キリストにおいて、すべての支配と権威の武装を解除してさらしものとし、彼らを捕虜として凱旋の列に加えられました」と語っています。十字架の勝利によって、神はそのことを成し遂げてくださいました。十字架というのは勝利なのです。すべての悪の諸力に対する勝利です。エデンの園以来の死に対する勝利です。キリストはその死によって、すべての死の力に、そしてサタンに勝利されました。

第三に、十字架は敵対する者同士の間に和解をもたらします。新約聖書の世界において、ユダヤ人と異邦人の間に最も大きな敵対関係がありました。しかしエペソ人への手紙でパウロは、神が隔ての壁を打ち壊されたと語ります。イエス・キリストの十字架を通してそれを成し遂げられました。敵対する者同士の憎しみを廃棄されたのです。十字架を通してそれら二つのものが一つの新たなる人として、人類として始まっていくのです。神との和解を経験した新たなる人々は、互いの間でも和解を経験していくことができるのです。ですから国々にとっても、福音とは良き知らせなのです。そしてキリストを通して私たちが和解させられ、癒やされていく可能性がそこにあるからです。そしてヨハネの黙示録22章が語ることは、神のいのちの木の葉が諸国の民に癒やしをもたらすということです。キリストの十字架は、創世記3章における堕落に対する答え、対応だけでなく、私たち一人ひとりの、神に対する敵対心、罪、背信のためでもあります。さらには、創世記11章において起こったことに対する神からの答えでもあるのです。国々が分かれてしまったということへの対応です。

第四の点に移りましょう。先ほどコロサイ人への手紙1章を読んでいただきましたが、これは驚くべき箇所です。パウロは、被造物すべてをキリストの死において見ています。1章15節から20節の間にパウロは五回、「すべてのもの」ということばを用いています。天と地におけるすべてのものが――それは聖書が神の創造されたものを表すときに使う表現ですが――キリストによって、キリストのために造られたと語ります。キリストによって、それらは存在が可能になったのだ、と。そしてクライマックスが来ます。イエス・キリストの十字架で流された血潮を通して、すべてのものが神に和解させられてゆくのです。

パウロは十字架を、全宇宙的な規模で理解しています。イエスさまが亡くなられたときに日が暗くなり、地震が起こりました。そしてキリストは復活されました。イエス・キリストの贖いの十字架によって、宇宙のすべてが回復されていくからです。聖書はそのような大きな宇宙的な規模をもって語っているのです。イエス・キリストが十字架の苦しみの絶頂で「完了した」――もっと正確に言うならば「達成した」「完成した」――と叫ばれたとき、何を意味されたのでしょうか。イエスさまは「もうだめだ。これで終わりだ」と言われたわけではありません。ミッションが完成したのだということを語られたのです。神のミッション、神の目的、神の計画が主イエス・キリストの死と復活を通して達成されたのです。罪が贖われ、罪人が赦されるのです。サタンが打ち負かされ、悪が究極的に滅ぼされます。死が滅ぼされ、永遠のいのちが与えられます。隔ての壁が打ち壊され、敵対する者同士の和解が可能になります。地への呪いが解かれ、被造物は神と和解することができるようになります。パウロは、被造物すべてがその日を待ち望んでいると語ります。

ここで理解していただきたいことは、福音が達成したことはそれほど偉大なものなのだということです。神のミッション、神の救いの目的というレンズを通して、私たちは福音を理解しなければなりません。しかし、それだけではありません。私たちが世界に出て行きミッションの働きをする際にそのすべての領域において、キリストの十字架が中心になければならないということを理解する必要があります。伝道であれ、人々を愛する福祉的な働きであれ、社会的正義がなされるための働きであれ、十字架がその中心になければならないのです。

しかし、ある人々がミッションの働きをする場合に、必ずしもそうなっていないのではないかと思います。もちろん罪の赦しについて語るときはイエスさまの十字架の話をされるでしょう。しかし社会的な関わりについて語るときは、十字架ではなく、ほかの土台を置いてもよいのではないかと考えるのです。しかし、そうではありません。イエス・キリストの十字架がすべての事柄の中心になければならないのです。なぜでしょうか。それは、私たちが世に出て行き、人々に仕え、憐れみと同情の心をもって、また正義をもたらす社会的な働きをしていくときに、私たちはこの世の悪に立ち向かっているからです。人間には罪があり、サタンの悪があります。ですから世の中には多くの痛みや貧困がはびこっているのです。私たちのミッションの働きにおいてそれらの問題を明らかにしていくとき、悪の力に直面していくことになるのです。

さまざまなところで――政治において、経済において、また社会がどのように動いていくかにおいて――働きをしていく中で、いかなる権威をもって、どういう力をもって、私たちは出て行くのでしょうか。ただ私たちの主イエス・キリストの十字架と復活の力をもって、私たちはそれらの場面に出て行くのです。なぜならば、それが良き知らせだからです。神がイエス・キリストにおいて世との和解をもたらし、救いを与えてくださったので、私たちは世に良き知らせと希望をもたらすことができるのです。ですから私たちのミッションの中心に、イエス・キリストの十字架を保ってください。それは、福音の範囲がそれほど広大なものだからです。ひとり子なるイエス・キリストの十字架と復活を通し、神はそれほど大きなことをなされたのです。

そのことによって三番目の点へと、私たちは導かれます。福音の中心性（the centrality of the gospel）です。皆さんは、ミッションの理解において、福音をどれほど中心的な事柄として考えているでしょうか。言い換えるなら、福音はどういったものを一つに統合しているのでしょうか。教会のミッションとは何でしょうか。それに関しては人々の間で意見が分かれるのではないでしょうか。伝道・個人的な救いということと、社会にどう関わっていくかということには、いろいろな議論、意見があります。最近では社会的な関わり、福祉的な働きに加えて、環境問題も視野に入ってきています。

ローザンヌ運動はそれらの二つの領域、すなわち伝道と社会的な関わりを常に統合していこうとしてきました。もちろん、その二つが同じ事柄であるとは考えていません。ことばを用いて伝道していくこと、良き知らせ・福音を語ることはもちろん必要です。そしてまた社会における良き働き、愛と憐れみをもって仕える働きも必要です。それらは同じではありませんが、ローザンヌ運動は、神がこの両方を大切にしておられ、一つに統合しなければならないと考えておられると捉えてきました。この二つを統合するもの、それが福音なのです。客観的に歴史において、神がイエス・キリストを通してなしてこられたことを「ケープタウン決意表明」は語っているのです。Ⅰの10のＢ「私たちの宣教の統合性」です。

私たちのすべての宣教の源は、聖書に啓示されている通り、全世界の救済のために神がキリストにおいて成し遂げられた業である。私たちの伝道の務めは、その良い知らせをすべての国民に知らせることである。私たちのすべての宣教の文脈は、私たちが生きているこの世界であり、罪と苦難と不法と被造物の秩序破壊に満ちたこの世界である。この世界に神は私たちを送り込み、キリストのためにこの世界を愛し、それに仕えるようにされた。それゆえ私たちの宣教のすべては、神の福音に関する聖書の啓示全体によって秩序立てられ、また推進されるものとして、この世界における伝道と、この世界に対する献身的な関わりとの統合を反映するものでなければならない。

私たちのミッションの源泉そしてミッションのコンテキスト（文脈）について、このことばが語っていることに気づかれたでしょうか。私が福音の中心性についてお話しするときに、中心が大切な事柄であって周りのことはそれほど重要ではない、と言っているのではありません。中心にある事柄が、周りにあるすべての物事を統合しまとめ上げていく、ということなのです。聖書の中に用いられているわけではありませんが、私たちにとって助けになるイメージがあります。自動車の車輪をイメージしてみてください。

車輪はエンジンの力が伝わって回転し、車は前に進んで行きます。車輪というのは一つに統合されているものです。中心にハブがあり、そしてリムとタイヤがあり、それらがつながっています。そのハブはエンジンにつながっている、そこに力の源泉があります。それによって車が前に進むのです。しかし、そのタイヤは道に触れています。それがコンテキスト（文脈）です。それらは一つにつながっていなければなりません。中心にあるハブが、コンテキストであるタイヤにつながっているのです。

パウロは、福音は神の救いの力だと語ります。車で言えばエンジンのようなものです。神の力がそこにあるのです。ハブがエンジンにつながっていてその力を受け取ります。福音はその中心にあります。伝道は常に私たちのミッションの中心になければなりません。それは伝道が人々の大きな必要に応えるものだから、というわけではありません。伝道とは、神が何をなさったか、達成されたかについて語るからです。福音を中心に置くということは、神がなさってきたことを聖書全体の物語の中心に置くということです。私たちが行うさまざまなミッションの働きは、その中心のハブである福音につながっていなければなりません。クリスチャンとして社会で行う働きはそれが何であれ、ことばも行いも福音の良き知らせに根ざしていなければなりません。私たちは必要がある人々に仕えていきます。福音のゆえにそうするのです。貧しい人々に仕え、空腹な人々に食事を与え、社会に関わっていきます。それは私たちが福音の民だからです。福音が私たちをキリストの名によって前へと押し出し、人々を愛し人々に仕えるようにと導き押し出すのです。ですから福音を中心に置いてミッションを考えていかなければならないのです。

明日は、その働きを実践していくとき、それがどういうことを意味するのかについてお話しします。今、申し上げたいことは、これは大宣教命令につながっているということです。マタイの福音書の最後に出てくる大宣教命令。このことばがどのように始まり、終わっているかをご存じだと思います。

イエス・キリストの主権についてのことばから始まります。「天においても地においてもすべての権威がわたしに与えられている」とイエスさまは語っておられます。それは神のみが語ることができることばです。これは申命記からの直接的な引用です。天においても地においてもすべてを支配しておられる神。そして大宣教命令は、キリストがともにおられる、ということばをもって終わります。「世の終わりまで、いつもわたしはあなたがたとともにいる」とイエスさまは言われました。それは旧約聖書の中で神が繰り返し語ってこられたことばです。大宣教命令における命令は、これら二つのことばの間に挟まれています。それらは福音のことばなのです。なぜならばそれは、キリストの主権、神の国、キリストにおける神の君臨について語っているからです。キリストにいっさいの権威があり、キリストにおいて神の臨在が世の終わりまで私たちとともにあるという約束。イエスさまが弟子たちに、出て行ってすべての者に福音を宣べ伝え弟子とするようにと言われるとき、それはキリストについてのこの二つの偉大な約束のことばの間で語られているのです。キリストは主です。そして、ともにおられるお方です。昨日、神の現臨と力を受け取るためにエリシャのしもべの目が開かれるということについて語ってきました。大宣教命令はまさにそのことを語っているのです。それが三番目のポイントの中核です。福音が果たす中心的な役割、私たちが何をするにせよ、そのミッションの中心に福音がなければならないのです。

第四に、福音の変革（the transformation of the gospel）です。皆さんの人生において、福音はどれほど多くの実を結んできたでしょうか。福音は私たちに何を要求しているのでしょうか。パウロの書簡を読むとき、パウロは明確に福音を信じるようにと語るだけではなく、それに従うようにと語っています。パウロは人々の人生が福音によって変革されていくことを求めました。人々が変えられるということを見たかったのです。いのちのことばを人々は受け取ったのですから、そしてそのいのちのことばが人生の中に入ってきているのですから、当然、実がなっていかなければなりません。

偉大な書簡ローマ人への手紙でパウロは、自分のパーソナルな伝道・ミッションの働きについて語っています。その目的は、すべての国民が信仰を持ち従順にその福音に生きるようになることだというのです。非常に興味深い表現だと思います。パウロはただ、人々が福音を信じるようにと願っているわけではないのです。その信仰が神への従順をもたらすことを、パウロは当然のこととして要求しています。信仰による従順、それはいのちの息のようなものです。息をしなければ生きていられません。生きているかどうかをチェックする簡単な方法は、息をしているかどうかを見ることです。同じように、もし神に対する従順がないのであれば、その人には信仰がないのです。パウロは教会において、神への従順が当然起こるべきものだと考えていました。

コロサイ人への手紙1章で、パウロはコロサイの教会のことをほめます。1章9節を見ると、「あなたがたがあらゆる霊的な知恵と理解力によって、神のみこころに関する真の知識に満たされますように」と言っています。そして10節では、「また、主にかなった歩みをして、あらゆる点で主に喜ばれ、あらゆる善行のうちに実を結び、神を知る知識を増し加えられますように」と語っています。パウロはなぜこのように祈ったのでしょうか。福音が教会の外の人々にも魅力的なものとなり、そして人々が神のもとへと導かれるようになるためです。

テトスへの短い手紙でパウロは、良い行いをするということを八回も語っています。はっきりと彼は言います、良い行いをしたから救われるわけではありません。「神は、私たちが行った義のわざによってではなく、ご自身のあわれみのゆえに、聖霊による、新生と更新との洗いをもって私たちを救ってくださいました」（テトス3・5）。神の恵みのゆえに、信仰を通して私たちは救われるのです。

そして3章8節ではこう語っています。「これは信頼できることばですから、私は、あなたがこれらのことについて、確信をもって話すように願っています。それは、神を信じている人々が、良いわざに励むことを心がけるようになるためです。これらのことは良いことであって、人々に有益なことです。」これは福音の実なのです。これらのことは重要な人々、特別な人々、牧師、宣教師だけに語られていることばではありません。2章ではパウロはすべての人々、若い人も年寄りも、男性も女性も、そして奴隷にもと語っています。

奴隷の人々もイエス・キリストを信じるようになってていました。彼らはクリスチャンになってからも、クリスチャンでない主人のもとで生活をしていました。どのように生きるのでしょうか。2章でパウロは、奴隷であっても、未信者の主人のもとで誠実に生きなさい、そして熱心に真面目に働きなさいというのです。主人から盗んではならない、信頼されるように歩みなさい、なぜならばあなたがたはクリスチャンの奴隷だから、と。福音によって彼らの人生が変えられて、仕事の場においてもキリストに従うような生き方をしていくということです。奴隷市場においても彼らは福音を表すような存在なのだというのです。なんという責任でしょう。奴隷であってもそのような生き方をするのであるならば、私たちの救い主、神の教えが魅力的なものとして人々の心に届くようになると、パウロは語るのです。そのような奴隷の生き方が、福音を美しく飾るものとなるとパウロは語るのです。

皆さんの人生は福音・神の教えを飾るようなものとなっているでしょうか。特に、いわゆる世俗社会で働き生活している方々。あなたが生きている生き方は、福音をより魅力的なものとして提示しているでしょうか。もしあなたが牧師であるならば、教会の人々に教えるときに、このような責任を人々が持っているということについて分かち合っていただきたいのです。福音の実がそのように私たちの人生になっていき、変革が起こっていくのです。もし私たちがこの福音を証しする者として生きるならば、もし私たちがエヴァンゲリオン・良い知らせを分かち合いたいのであれば、私たち自身が「良い知らせ」として生きていなければなりません。私たちは他の人とは違う何かを持っていなければなりません。私たち自身が福音の実としての生き方をしていないならば、あなたが分かち合う福音が実を結ぶことはないでしょう。

今日のお話をまとめたいと思います。聖書に従って私たちの目が開かれ、福音が何を意味するのかということを新たに理解していただきたいのです。福音とは何かについて。福音とはただ、私たちが天国に行くための手段、定式ではありません。聖書のうちに啓示された、神の救いのわざのすべてを明らかにすること。それが福音です。

次に福音は何を達成してきたのかということを話しました。私自身の個人的な救いだけでなく、神が罪に対して、死に対して、諸悪に対して、悪魔に対して勝利をしてこられたということ。そしてすべての被造物を神が回復され、贖われるのです。

第三に、福音が果たす中心的な役割。それは私たちの伝道的な福音の宣教だけでなく、社会で行う働きにおいてもイエス・キリストの十字架が中心になければならないということを申し上げました。

そして最後に、福音は私たちに何を要求するのか、ということを話しました。それは悔い改め、信仰を持つということだけでなく、従順を要求します。弟子化ということ、良いことを行うということ、私たちに与えられている光を輝くようにさせなければなりません。それによって父なる神がほめたたえられるためです。それを行うことができるように、神が私たちに恵みをお与えくださいますように。

主題講演Ⅲ　「世界（World: Re-visioning the world as the arena of integrated mission）」

エレミヤ書29章1～14節

預言者エレミヤは、ネブカデネザルがエルサレムからバビロンへ引いて行った捕囚の民、長老たちで生き残っている者たち、祭司たち、預言者たち、およびすべての民に、エルサレムから手紙を送ったが、そのことばは次のとおりである。――これは、エコヌヤ王と王母と宦官たち、ユダとエルサレムの貴族たち、職人と鍛冶屋たちが、エルサレムを出て後、ユダの王ゼデキヤがバビロンの王ネブカデネザルのもとに、バビロンへ遣わした、シャファンの子エルアサとヒルキヤの子ゲマルヤの手に託したもので、次のように言っている――イスラエルの神、万軍の主は、こう仰せられる。「エルサレムからバビロンへわたしが引いて行かせたすべての捕囚の民に。家を建てて住みつき、畑を作って、その実を食べよ。妻をめとって、息子、娘を生み、あなたがたの息子には妻をめとり、娘には夫を与えて、息子、娘を産ませ、そこでふえよ。減ってはならない。わたしがあなたがたを引いて行ったその町の繁栄を求め、そのために主に祈れ。そこの繁栄は、あなたがたの繁栄になるのだから。」まことに、イスラエルの神、万軍の主は、こう仰せられる。「あなたがたのうちにいる預言者たちや、占い師たちにごまかされるな。あなたがたが夢を見させている、あなたがたの夢見る者たちの言うことを聞くな。なぜなら、彼らはわたしの名を使って偽りをあなたがたに預言しているのであって、わたしが彼らを遣わしたのではないからだ。――主の御告げ――」

まことに、主はこう仰せられる。「バビロンに七十年の満ちるころ、わたしはあなたがたを顧み、あなたがたにわたしの幸いな約束を果たして、あなたがたをこの所に帰らせる。わたしはあなたがたのために立てている計画をよく知っているからだ。――主の御告げ――それはわざわいではなくて、平安を与える計画であり、あなたがたに将来と希望を与えるためのものだ。あなたがたがわたしを呼び求めて歩き、わたしに祈るなら、わたしはあなたがたに聞こう。もし、あなたがたが心を尽くしてわたしを捜し求めるなら、わたしを見つけるだろう。わたしはあなたがたに見つけられる。――主の御告げ――わたしは、あなたがたの繁栄を元どおりにし、わたしがあなたがたを追い散らした先のすべての国々と、すべての場所から、あなたがたを集める。――主の御告げ――わたしはあなたがたを引いて行った先から、あなたがたをもとの所へ帰らせる。」

昨日は「福音」について新たに考えるということについて話しました。聖書全体のコンテキスト（文脈）から、神のなさった良き知らせ・福音を理解しなければならないということを申し上げました。今日私たちが扱っていくトピックは「世界（World）」です。

ローザンヌ運動のテーマは「全教会が、全世界に、福音の全体をもたらす」というものです。では、この「全世界」とはどういうことを意味するのでしょうか。ケープタウンで二〇一〇年にローザンヌ会議が開かれましたが、その前の数年間にわたって神学委員会はこのことを論じてきました。聖書は「世」についてどう語っているのでしょうか。

聖書で用いられているこの「世」あるいは「世界」ということばには、さまざまな相反する内容が含まれています。一方で「世」は、神によって創造された素晴らしいものです。神は世を愛されました。そして主イエス・キリストを通し、神は世を贖われました。キリストにあって神はこの世をご自身と和解させたのです。

しかしながら同時に、この「世」は神に対する人間の罪あるいは反逆の場でもあります。そういう意味においては、私たちは世を愛してはならないのです。ですから、「世」には、神に造られた良き創造としての世、また神に敵対する世、その両方が含まれているのです。私たちがミッションについて考えるときに、この両面を考えていかなければなりません。

「ケープタウン決意表明」のパートⅠの7において、私たちが「世」をどのように愛するべきかがかなり長く書き記されています。世は神によって造られたものであるということ。さまざまな国、文化から成り立っている世。そして貧困があり、苦難がある世。他の宗教、信仰を持っている人々。そして罪と神に対する反逆の世。このレポートのそのセクションを、ぜひ読んで考えていただきたいのです。この伝道会議のコイノニア・グループにおいてでもいいですし、伝道会議が終わった後に持たれるアナロギア・グループにおいてでもいいと思います。世について考えていただきたいのです。

この伝道会議のお招きを受けてから、実行委員の方々から、この会議について多くの情報を受け取りました。その中に一つの非常に重要な問いがありました。それはこういうものでした。「日本の教会は小さく力もありません。そのような日本の教会がいったい、日々、多くの深刻な問題が起こっている世界や日本に仕えていくことなどできるのでしょうか。」

その問いが頭から離れませんでした。そのことについて、一生懸命に考えました。そして私の頭に浮かんできたことは、ユダ王国がバビロン捕囚に遭ったということでした。バビロンの王ネブカデネザルがイスラエルを滅ぼし、エルサレムを破壊し、人々を捕囚の民としてバビロンへ連れて行ってしまいました。そのとき、彼らも同じような問いを持ったに違いありません。

彼らはバビロンにおいて、小さく力もないコミュニティーとして生きていきました。バビロンという国において大多数は、ヤハウェの神を信仰していない異なった宗教の人々でした。希望を持って将来に向かっていくことができない状況でした。しかしそれにもかかわらず、彼らはなお「イスラエル」であったのです。彼らは生きておられる神の民であったのです。彼らは聖書を持っていました。神の約束を持っていました。彼らの周りの大きな文化・国・社会の中で、神を礼拝する小さな民がいかに生きていくことができたのでしょうか。先ほど読んだエレミヤ書の箇所は、そのような状況の中でエレミヤが語ったことなのです。バビロンの状況の中でのエレミヤのことばは、今日なお、私たちに語られていることばなのです。

エレミヤ書のこの箇所から皆さんに申し上げたい第一のことは、神は、私たちが神の主権の光の下で自分たちの置かれている状況を見るように願っている、ということです。特に1節から4節までがそれにあたります。この状況における事実関係を見ていきたいと思います。ネブカデネザルがエルサレムを攻撃しました。人々をバビロンに捕囚の民として連れて行き、エルサレムの町を破壊しました。人々は苦しみ、飢え、病を得、また亡くなっていきました。これは事実であり、歴史上に起こった事柄です。イスラエルがバビロンへと捕囚された出来事は、誰が起こしたことなのでしょうか。1節と4節に注意を払っていただきたいのですが、1節を見ると、ネブカデネザルがこのことを起こしたと記されています。しかし4節を見ると、神が「バビロンへわたしが引いて行かせた」と言った、と記されているのです。

どちらがこの捕囚を起こしたのでしょうか。ネブカデネザルでしょうか、それとも神でしょうか。答えはもちろん「両方とも」です。人間レベルで見れば、これは実際に歴史に起こった出来事としか見えません。もし皆さんがその現場に実際にいたとしたら、もしテレビカメラがその場にあったなら何を映し出したでしょうか。バビロンの兵士たちがエルサレムを征服していっている姿を映し出したでしょう。そして多くの人々の命を奪っていき、生き残った人々をバビロンへ連れて行った、それが歴史的な事実です。

しかしエレミヤは預言者でした。預言者は神の目を通して状況を見るのです。この預言者は、ネブカデネザルの軍隊の背後で神が行っておられるわざを見たのです。イスラエルの神ヤハウェが行っておられるわざを、です。確かにエルサレムは破壊され、イスラエルは敗北しました。しかしイスラエルの神が敗北したわけではありません。神はなお主権を持って君臨しておられます。神はなお王座におられたのです。神がイスラエルの民をバビロンへと導かれたのです。そしてイスラエルの民がそこにあったときにも、神は目的を持っておられました。それについてこれからお話しします。

ここにおいてエレミヤは、この状況を、民が気づかなかったようなフレッシュで驚くような観点から提示していったのです。人々にとって状況はひどく、もう希望がないように見えたことでしょう。すべてのことが彼らの願いとは逆の方向に進んでしまっているように感じたことでしょう。その中で、手紙がエルサレムからバビロンへと書かれました。旧約聖書の全体の物語において、方向性はその反対でした。バビロン（バベルの塔）からエルサレム（ダビデの町）へ、それが旧約聖書の流れです。言うならば、ビデオのボタンを逆戻りに押したような状態です。神はこのただ中で何をしておられたのでしょうか。このような暗い困難な状況の中で神の主権と神がなしておられるわざを見いだすことは、しばしば非常に困難です。バビロン捕囚のただ中で、ヤハウェがすべてのことをなお支配しておられると信じ、見ることは、非常に困難だったと思います。今、この時代からは、神があのとき何をしておられたのかということを見ることができます。しかしあのとき、あの現場にいた人々にとっては、それは非常に困難なことでした。

一九五〇年のことを私はどうにか覚えているのですが、当時四歳でした。中国で共産党が支配するようになり、西洋の宣教師たちはみな追い出されました。私たちの家庭において、また教会において大人たちが、中国でこんなことが起こっていると驚き、恐れている状況が私にも伝わってきました。なぜ神さまはこのようなことを許されておられるのだろうか。世界で最も大きな国、世界中で最も多くの宣教師たちがいる国、そこから宣教師たちが全員追い出されてしまった。教会はどうなるのか。中国におけるキリスト教とその宣教はこれで終わりになってしまうのだろうか。神は何をなさっておられるのだろうか。人々はそう問いました。

六十年以上経って今、それを振り返ることができます。今日、西ヨーロッパ全体のクリスチャンの数よりも多くのクリスチャンが、毎週日曜日に中国で礼拝をささげているのです。神はなお主権を持っておられます。神はコントロールを失ったわけでは決してないのです。今、振り返ってそのことを見ることができますけれども、そのとき現場にいてそのことを見いだすのは非常に困難でした。

今日、中東において起こっていることに心を痛めています。シリアにおいて、イラクにおいて、中東全体地域において、大変な困難と悲しみ、苦しみが起こっています。キリスト教の共同体がそこに二千年間存在していました。しかしそれらが破壊され、人々が追い出されているのです。神は何をなさっておられるのか。

レバノンにいるアラブ人のクリスチャンの友人に、「神は今どういうことをしておられるのだろうか」と聞きました。彼はこう言いました。「レバノンにはシリアから何百万人というイスラム教徒が難民となって流れ着いている。レバノンの教会、クリスチャンたちは彼らを受け入れ、彼らに必要なものを提供してきた。」その友人の教会では、毎週日曜日の礼拝に来る人たちの六〇パーセントがもともとイスラム教徒だったといいます。その多くがイエス・キリストを救い主と信じるようになっている、というのです。もちろん、だからといって、今あの地域で起こっていることが良いことだとは決して言えません。非常にひどいことが起こっています。しかし人間が行うさまざまな悪のただ中にあってさえ、神は働いておられ、神の国のその主権をはっきりと持っておられるのです。

ですから、皆さんがこの日本において直面すべき問いは、以下のことです。この国のただ中でのキリスト教会の状況を見る見方によって、どのような違いが生まれるだろうか。人間的、社会的、文化的な事実としてだけ見るのではなく、神のプランの中で見ていかなければなりません。神はなぜ、何世紀にもわたって日本に教会を置かれているのでしょうか。カトリックのまたプロテスタントの宣教師たちがなぜ、キリストの福音を携えてこの地に来たのでしょうか。たとえ人口の一パーセントしかクリスチャンがいなかったとしても、なぜ教会がこの国に置かれているのでしょうか。

この国において、またその文化において、神の御手はどのように働いているのでしょうか。そして最近の歴史において、大震災の痛みの中で神は何をされているのでしょうか。ここ神戸で一九九五年に起きた阪神淡路大地震のことを思い起こします。また二〇一一年の東日本大震災と津波、また福島の原子力発電所の爆発を思い起こします。大災害です。エルサレムの破壊、ユダヤ人のバビロン捕囚と同じように、激しい被害でした。神の御国はそのただ中で、どのように進んできているのでしょうか。

私は、友人たちから聞いた話に励まされました。教会が神の御手の働きをそのただ中で見、それに応答していき、人々に届いていったと。これが、エレミヤ書が私たちに語ってくれる第一のレッスンだと思います。それは、バビロン捕囚のただ中にいた人々を励まし、今日の私たちを励ますものです。私たちの目を開いてくれるのです。そして、この宇宙の、世界の王座におられる神を思い起こさせ、神が何をしておられるかを私たちに見させてくれるのです。

そして、それは第二のポイントへと導きます。この手紙は、私たちにまた捕囚の民に、神のミッションという光の下で自分たちの世界を見るようにさせます。特にエレミヤ書29章7節を念頭に置いています。この節も非常に驚くような箇所だと思います。捕囚に引かれて行った民に対して、もし私だったらこういうことは語りたくない、と思うようなことばです。でも誰かが語らなければなりません。戦争に負けて捕虜にされ、捕囚に連れて行かれた人々、非常に弱っている人々に、エレミヤはこう語るのです。「わたしがあなたがたを引いて行ったその町の繁栄を求め、そのために主に祈れ」(7節)。何ということでしょうか。「バビロニア人のため、この敵のために繁栄を祈れというのですか?」「この手紙はバビロンの人たちが検閲して書き換えたのではないだろうか。」イスラエルの人たちはこう思ったはずです。われわれはどう祈るべきかわかっている。「エルサレムの平和のために祈れ」と詩篇122篇6節に書かれてあるとおりです。バビロンが破壊したエルサレムのために祈れと聖書は言います。それが、われわれが祈るべきことだと。それなのに、バビロンの繁栄のために祈れとは何事か。

詩篇137篇は捕囚の中、バビロンの川のほとりで書かれた詩です。外国において神さまに賛美をささげることができるであろうか。バビロンにおいてどうして主の歌を歌うことができるだろうか。なのに、なぜバビロンの繁栄のためになど祈ることができるだろうか。バビロンに対して私たちが求めるのは仕返し、復讐だ。彼らがわれわれにしたことに対して、神が仕返しをしてくださるようにと。

しかし預言者エレミヤは、そうではないと語るのです。バビロンの繁栄のため、シャローム(平和)を祈れと。でも彼らは敵です。神は、「だから何だ。彼らのために祈れ」と言われるのです。彼らは私たちの神殿を壊し、私たちの町を破壊したのです。しかし神は言われる、「だから何だというのだ。彼らをわたしが祝福するように祈りなさい」。驚くべきことです。イエスさまが弟子たちに言われたことばを思い出します。「あなたの敵を愛しなさい。」

ここで神は、イスラエルの民が、世界におけるアブラハムのミッションを思い起こすように励ましているのです。神はアブラハムに語られました。「あなたを通し、あなたの子孫を通して、地上のすべての国々、すべての民族は祝福される」と。神は「あなたの敵は除いて人々が祝福される」とは言われませんでした。「すべての国々」にはバビロンも含まれています。もちろんエレミヤは、バビロンが究極的に神の裁きの下に置かれているということを知っていました。しかし神の民がその町のただ中にいるときは、神の民として生きなければなりません。隣人たちのために祈るのです。バビロンの人々のためにも。そして良いわざをしていかなければなりません。あの時代においてさえ、それが神が、世界における、神のミッションとして神の民に課されたことでした。神が彼らを通し世界中に祝福を注がれる、神の民となるのです。

バビロンの捕囚の民にエレミヤが語ったことは、パウロがローマ帝国においてクリスチャンに語ったことと非常に似ています。テモテへの手紙第一2章1節、2節においてパウロは、「すべての人のために、また王とすべての高い地位にある人たちのために願い、祈り、とりなし、感謝がささげられるようにしなさい」とクリスチャンに促しています。それはキリスト教を重んじる政府のために祈りなさいということではありません。あの当時キリスト教を掲げる政府はありませんでした。「王と高い地位にある人」は、当時クリスチャンに敵対していた人々でした。カエサルに対して、またキリスト教に反対する人たちに対して、キリスト者として彼らのために祈るべきだとパウロは語ったのです。ガラテヤ人への手紙6章10節ではパウロは、「機会のあるたびに、すべての人に対して、特に信仰の家族の人たちに善を行いましょう」と言いました。ですから教会の中で私たちは特に、互いの必要を満たしていくべきなのです。しかしそれだけではなく、すべての人に対して善いわざを行いなさいとパウロは語るのです。

エレミヤは捕囚の民への手紙において、その外国にいる自国の民はわずかな数しかいないとしても、彼らにはミッションがあると語るのです。バビロンの人々のために神に祈るということ、そして彼らの繁栄を求めて彼らに仕えるということです。言い換えるならこの手紙は、イスラエルの民を嘆き悲しむ民から宣教の民へと変えていったのです。このエレミヤ書29章7節は今日においても、より広い意味で神の民のミッションに関わっているのです。であるなら、世における教会のミッションとは何でしょうか。

「ケープタウン決意表明」はそれについてさまざまな形で答えています。昨日申し上げたように、福音を中心に置きながら私たちは宣教のわざと社会的なわざの両方を統合していくのです。パートⅠの7のA

は以下のことを語っています。

聖書的な真理とは、個々の人間にとって、そして社会と被造物にとって、福音はイエス・キリストの十字架と復活による良い知らせだということである。人間と社会と被造物の三者は皆、罪のゆえに損なわれ、苦しんでいる。この三者は皆、神のあがないの愛と宣教の対象に含まれる。この三者は皆、神の民の包括的宣教の一部でなければならない。

私たちが宣教的に関わっていく三つの主要な領域があるということを、この短い箇所は語っています。その第一は、伝道と教育を通して教会を建て上げることです。なぜならば、私たち一人ひとりはみな罪人であり、教会を通しキリストにおいて、悔い改め、信仰、成熟を経験しなければならないからです。第二に、エレミヤがいうように、愛と憐れみのわざ、正義を実現し社会に仕えるということです。第三に、神が造られ、キリストによって贖われ、われわれをそこに置かれている被造世界を用い大切に扱うことです。それらを今から見ていきます。

第一に、伝道と教育を通して教会を建て上げる。これが、私たちがしばしば「大宣教命令」と呼ぶものが語っている、最もはっきりした内容です。イエスさまは「行って、あらゆる国の人々を弟子としなさい。そしてバプテスマを授け、教えなさい」と語られました。神がイエス・キリストを通してなされた良きわざ、良き知らせを語る。その福音に応答してきた人々とともに教会を建て上げていく。そして教えることによって彼らを弟子として立て上げ養っていく。それが私たちのミッションの責任における根本的な働きです。なぜならば、それがキリストを通して神がなされたことに対する最初の応答だからです。第6回目本伝道会議は、この神から与えられた二つの任務に対してのコミットメントを新たにしていくものであっていただきたいのです。伝道だけでなく教えるということ。救われるだけでなく、またそのための宣教だけでなく、人々が成長していき、他の人にもキリストを伝えることができるように教えていくということです。牧師たちを整えていき、そういった働きができるようにするということ。この伝道会議を通して、そのような新たな思いが生まれ、実践がなされていくことを願っています。

新約聖書でパウロとアポロを通して表されている二つの役割があります。パウロはコリントにおいて教会をつくりました。そしてアポロが水を注ぎ、神学的な教育をし、人々を育てました。パウロは、神のミッションにおいてこの二つの働きは一つなのだと語っています。「私が植えて、アポロが水を注ぎました。しかし、成長させたのは神です」と。この伝道会議が、伝道と教育というこの二つのコミットメントを新たにしていく機会になることを願っています。

そして二番目の領域は、愛と憐れみの実践、正義を求めることを通して社会に仕えるということです。これも大宣教命令に含まれている内容だと私は考えています。なぜならばイエスさまは、弟子をつくりなさい、私があなたがたに教えたことを彼らにも教えなさいと言われましたが、それだけではなかったからです。それだけであったなら、頭だけの知識になってしまうでしょう。イエスさまは「わたしがあなたがたに命じておいたすべてのことを守るように、彼らを教えなさい」と語られました。それは知識として知るだけではなくて、行動を伴った実践を要求することばです。イエスさまはご自身の福音の中で、愛について、正義について、憐れみについて多くを語られています。「義に飢え渇く者は幸いです」と、「神の国とその義とをまず第一に求めなさい」と言われました。そして正義、憐れみ、誠実さが大切であると。イエスさまはさらに言われました。「あなたがた弟子たちは世の光である」と。そこにはどういう意味が含まれているのでしょうか。あなたがたは福音のよき知らせを語り、人々の知的理解に福音の光が届くようにしなさい、ということでしょうか。パウロがコリント人への手紙第二5章で語るように。もちろんそれも含まれていたと思います。しかし、あなたがたの光が輝くことで、人々があなたがたの生き方、良いわざを見るようにしなさいと言われたのです。人々の生き方を良いものへと変えていくような光です。おそらくイエスさまはイザヤ書58章が語っている光を念頭に置いておられたのではないかと思います。そこで神は、わたしが願っている生き方はこういうものである、と言われているのです。

悪のきずなを解き、くびきのなわめをほどき、しいたげられた者たちを自由の身とし、すべてのくびきを砕くことではないか。飢えた者にはあなたのパンを分け与え、家のない貧しい人々を家に入れ、裸の人を見て、これに着せ……そのとき、暁のようにあなたの光がさしいで、あなたの傷はすみやかにいやされる。(イザヤ58・6～8)。

そして、あなたの義はあなたの前を進む。光と正義です。あなたがたは世の光であるというのは、このような光であるとイエスさまは言われたのです。神のために、福音のゆえに、キリストの御名において、世の中に出て行き良きわざを行いなさい。そして彼らは行ったのです。使徒の働きで、初代の教会は、使徒たちによる力強い福音の宣教と、そして信仰者が持っていた生活の質の両方によって、人々は悔い改めを迫られ、教会に加わっていったとルカは語ります。

使徒の働き11章を見ると、パウロの最初の宣教旅行は飢餓救済の働きの中で行われました。聖霊の導きの中、パウロは、異邦人のアンテオケ教会からエルサレムのユダヤ人の教会へと救援募金を持って行きました。ガラテヤ人への手紙2章10節で、パウロが彼のミニストリーの中でいつも貧しい人たちを気にかけていたことがわかります。みことばを宣べ伝え、貧しい人々を覚えていました。その両方を行ってきたとパウロは語っています。

ローザンヌ運動が始まった一九七四年からずっと、宣教と良き働きの両方を統合することが求められてきました。伝道と社会的な関わりを統合してきたのです。イエス・キリストの良き知らせ・福音を中心として、その両者を統合し保持してきました。

エレミヤは、敵である国において彼らの繁栄を祈れと語るのです。私たちの国においてクリスチャンがこのことを行う方法はたくさんあると思います。教会のミッションは宣教師たちが行うだけのものではありません。すべてのイエスの弟子たちが行うのです。私たちが生き、動き、住んでいるすべての場所で行うのです。仕事場において、近所において、ビジネスにおいて。あるいは農業、教育の現場、医療の現場、法律や政治の場において。どこでも行うことができます。私たちは福音を生きるのです。ほかではない聖書の価値観をもって、世界に浸透していくのです。正直さ、高潔さ、憐れみの心、正義。生きておられる神の民として、そういった性質を反映しながら届いていくのです。それは私たちがイエスさまを主と告白するからです。イエスさまが命じられたような生き方を、私たちはしたいのです。ですから、伝道と教育を通して教会を建て上げるのです。愛と憐れみのわざと正義への関わりを通して社会に仕えるのです。

第三の領域は、被造世界を用い大切に扱うということです。マタイの福音書28章の大宣教命令を、イエスさまは「わたしには天においても、地においても、いっさいの権威が与えられています」ということばをもって始めます。それが意味することは、すべての被造物です。これは被造物すべてを表すための、ユダヤ的な聖書の表現です。申命記においてモーセは、「上は天、下は地において、主だけが神であり、ほかに神はない」（申命4・39）と語ります。詩篇24篇1節は「地とそれに満ちているもの、世界とその中に住むものは主のものである」と語ります。コリント人への手紙第一でパウロはそれを引用しています。この地というのは神が所有しておられるものなのです。神が所有者であり、私たちはそれを借りているにすぎません。神の地に、私たちは住んでいるのです。ですから、神のためにこの地を大切に扱っていくのです。それが神のものだからです。

もしあなたが誰かを愛しているなら、その方の所有物を汚したりその方の土地でゴミを撒き散らしたりしないでしょう。あなたが私に何か大切なものを下さったとします。私がそれを地面に投げ捨て足で踏んだりしないと思われるでしょう。もしそんなことをしたら、友情関係は壊れてしまいます。クリスチャンは、神を愛すると言いながら、神のものであるこの地を粗末に扱うことなどできないのです。

また昨日見たようにパウロはコロサイ人への手紙1章で、福音の良き知らせは、イエスさまの十字架と復活を通して神がすべての被造物をご自分と和解させてくださったという事実を含んでいると語っています。私たちがこの地を大切に扱っていくのは、この地が神に属しているから、神から来たからということに加えて、将来において神が和解させられ、贖われるからなのです。この両方を覚えることが必要です。

これはキリスト者の責任の領域です。「ケープタウン決意表明」Ⅰの7のAは以下のように語ります。

地はキリストによって創造され、養われ、救済される。創造と救済と相続に基づく権利によりキリストに属するものを悪用しておきながら、神を愛すると主張することはできない。私たちは地を保護し、地上の豊かな資源を、世俗世界の論拠に従ってではなく、主のために責任をもって用いる。イエスが全地の主であるなら、キリストに対する私たちの関係と、地に対して私たちがどう行動するかを切り離すことはできない。キリストの支配権が全被造物の上に及ぶ以上、「イエスは主である」と告げる福音を宣べ伝えることは、地を内包する福音を宣べ伝えることに等しいからである。したがって、被造物保護は福音の問題であり、キリストの支配権の範囲内にある。
神の被造物に対するこの愛は、私たちに悔い改めを要求する。地球資源の破壊と無駄使いと汚染とに私たちが関与した分について、そして消費至上主義という有害な偶像礼拝に私たちが加担したことについて、悔い改めを迫られるのだ。ひるがえって、私たちは差し迫った預言的な環境保護上の責務に対して、自分自身を献げる。

日本におけるクリスチャンのミッション・コミュニティーにおいて、このことにどのように関わっていこうと皆さんが考えられるか私にはわかりませんが、このことを真剣に考えていただきたいのです。神を畏れ、キリスト者として聖書に従う仕方で神が造られたものを用い、大切にしていくときに、いくつかのことが起こっていきます。第一に、それらのものの創造者として神をあがめることになります。第二に、新約聖書がキリストの十字架について語っていることに敬意を示すことになります。第三に、神がみことばで語られたことのゆえに、またそして神がキリストを通してなされたことのゆえに、この地球の将来について私たちが持っている希望を分かち合う機会が与えられます。第四に、私たちが汚し、傷つけてきたこの世界の環境の中で最も苦しんでおられる方々に対して敬意を表すということになります。私たちは福音を聞いたことのない人々に届いていきたいと思っているのですが、彼らの多くは環境破壊のゆえに貧困その他の苦しみを経験しています。ですからエレミヤが自分が今いる国の繁栄のために祈りなさいと語ったことを今日のミッションというコンテキストで考えるときに、非常に広範囲な課題を持つのです。

それでは第三の領域に移っていきたいと思います。今まで第一に神の主権という光をもって自分の置かれている状況を見るべきであると申し上げました。それによって状況をフレッシュな視点で見ることができるようになります。第二に、7節が語りますように、世界を神の宣教という光の下で見ていく、ということを申し上げました。三番目に、神の約束という光の下で私たちの将来を見ていくことが必要です。テキストをもう一度見ていきましょう。エレミヤ書29章の捕囚の民に記された手紙です。10節から14節に、驚くべき将来の素晴らしい希望が語られています。イスラエルの民はこの捕囚ですべてが終わってしまったと思っていました。イスラエルの国はここで絶えてしまうと思っていました。神のさばきのゆえにこのことが起こってしまった、と思っていました。預言者はそのように語っていました。

エゼキエルはひどく落胆していました。まるで枯れた骨のように完全に死んでしまった、と。墓にある骨のように。そのように感じていたのです。しかし神はここにおいて、彼らの目を上へと上げるのです。神はなお主権を持っておられたのです。バビロンがさばかれる時が来る（10節）。イスラエルは再び解放される。そして、イスラエルには将来がある。それによって彼らは、被害者という自己理解から、将来のビジョンを持つ者としての生き方へと変えられました。

そして驚くような約束が11節に書かれています。「わたしはあなたがたのために立てている計画をよく知っているからだ。――主の御告げ――それはわざわいではなくて、平安を与える計画であり、あなたがたに将来と希望を与えるためのものだ。」

このことばは聖書の中でもよく知られ、愛されている約束のことばで、私たちはこの約束のことばが大好きです。皆さんの家のカレンダーにこのみことばが書かれてあるかもしれません。神の素晴らしい約束です。しかし、このことばが語られたコンテキストを考えたことがあるでしょうか。これは、神のさばきを経験していた人々に語られた約束だったのです。捕囚のただ中で語られたことばでした。奴隷のようにされ、苦難の中にあった民に語られたことばでした。

このことばは、「まあ心配しないでいい。きっと良くなるから大丈夫」という程度の安っぽい励ましのことばではないのです。小手先の解決のことばでもありません。神は語られました、七十年かかると。少なくともあと二世代かかるということです。神は長い年月をかけたビジョンを持たれるのです。しかしその長い年月のビジョンの中で、神は彼らのことを忘れてはおられなかったのです。神が彼らのことを捨て去ることはありません。将来への希望があるのです。エレミヤ書のこの約束の手紙をリアルタイムで読んだ世代の人たちは、実際にその約束の成就を経験できなかったかもしれません。でも子どもたちがいる、孫たちがいる。神は世代を超えて約束を実現される。そういうお方です。神は彼らの目を上へと上げ、民の将来の希望を語られたのです。そして世界中のすべての人々のために、彼らを通して約束の成就がなされるということが語られたのです。

神のミッションは継続しています。神はアブラハムに与えた約束を決して忘れてはおられません。この捕囚という、彼らが通らなければならなかった追放ときよめの悔い改めを通し、神は回復とリカバリーを与えられるのです。そして神は究極的に、ご自身のひとり子であるメシア、ナザレのイエスを送ってくださるのです。彼らにとっての究極的な将来の希望と祝福であるお方を。

彼らは約束を受け取ったのです。こういう約束を受け取ったとき、私たちはどうするのでしょうか。どのようにしてこの約束が成就することを待ち望むでしょうか。パーティーを開いて「わあ、素晴らしいことが起こるんだ！」と喜んでお祝いをするでしょうか。そうではありません。

彼らがしなければならなかったことが12節、13節、14節に書かれています。「あなたがたがわたしを呼び求めて歩き、わたしに祈るなら、わたしはあなたがたに聞こう。もし、あなたがたが心を尽くしてわたしを捜し求めるなら、わたしを見つけるだろう。……」神のもとへ帰って来るならば、という意味です。悔い改めて、そして従順に、神がなってほしいと願っておられたような民になることを求めておられるのです。心を尽くし思いを尽くしてわたしを求めるなら、と神は言われるのです。申命記で語られたように、心を尽くし、精神を尽くし、力を尽くして神を求めるなら、あなたがたはわたしを見いだすだろう。そして、わたしはあなたがたに計画を持っている。神はそう語られたのです。

この手紙が読まれたときに聞いていた聴衆の一人はダニエルだったでしょう。この手紙が読まれたとき、彼はおそらくまだ少年だったでしょう。しかし彼の人生の終わりに来て、彼はダニエル書9章でこう語っています。「私、ダニエルは、預言者エレミヤにあった主のことばによって、エルサレムの荒廃が終わるまでの年数が七十年であることを、文書によって悟った」(2節)。バビロンがさばきを受ける時が来る。そしてダニエルはどうしたでしょうか。多くの友達を集めてお祝いのパーティーを開いたでしょうか。そうではなく悔い改めたのです。彼はひざまずいて荒布を着、灰をかぶって神に彼の民の罪を告白し回復を祈りました。

神はいかなる計画を持っておられるのでしょうか。そして日本のキリスト教会の将来についての皆さんの希望は何でしょうか。より良い方策を求めること、やり方を変えるということ、より多くの資金を求めることではありません。そうではなく、神の約束と神の主権に立つということです。命令に従うとき、私たちはそれらの約束を受け取ることができるのです。

この第6回日本伝道会議で、私は皆さんを励ましたいと思います。どうか神の主権への信頼を新たにしてください。どうか神のミッションを遂行していくのだ、というコミットメントを新たにしてください。そして神の約束をしっかりと握り締めて、約束の成就をいただくという信仰を新たにしてください。

主を求めてください。心を尽くし、思いを尽くして。そして将来を神とともに見ていただきたいのです。神の御名のゆえに、アーメン。

主題講演Ⅳ　「可能性（Opportunities: Re-visioning unity and hope in mission）」

ローマ人への手紙14章1～3節、15章1～13節

あなたがたは信仰の弱い人を受け入れなさい。その意見をさばいてはいけません。何でも食べてよいと信じている人もいますが、弱い人は野菜よりほかには食べません。食べる人は食べない人を侮ってはいけないし、食べない人も食べる人をさばいてはいけません。神がその人を受け入れてくださったからです。

私たち力のある者は、力のない人たちの弱さをになうべきです。自分を喜ばせるべきではありません。私たちはひとりひとり、隣人を喜ばせ、その徳を高め、その人の益となるようにすべきです。キリストでさえ、ご自身を喜ばせることはなさらなかったのです。むしろ、「あなたをそしる人々のそしりは、わたしの上にふりかかった」と書いてあるとおりです。昔書かれたものは、すべて私たちを教えるために書かれたのです。それは、聖書の与える忍耐と励ましによって、希望を持たせるためなのです。どうか、忍耐と励ましの神が、あなたがたを、キリスト・イエスにふさわしく、互いに同じ思いを持つようにしてくださいますように。それは、あなたがたが、心を一つにし、声を合わせて、私たちの主イエス・キリストの父なる神をほめたたえるためです。

こういうわけですから、キリストが神の栄光のために、私たちを受け入れてくださったように、あなたがたも互いに受け入れなさい。私は言います。キリストは、神の真理を現すために、割礼のある

者のしもべとなられました。それは父祖たちに与えられた約束を保証するためであり、また異邦人も、あわれみのゆえに、神をあがめるようになるためです。こう書かれているとおりです。

「それゆえ、私は異邦人の中で、
あなたをほめたたえ、
あなたの御名をほめ歌おう。」

また、こうも言われています。

「異邦人よ。主の民とともに喜べ。」

さらにまた、

「すべての異邦人よ、主をほめよ。
もろもろの国民よ。主をたたえよ。」

さらにまた、イザヤがこう言っています。

「エッサイの根が起こる。
異邦人を治めるために立ち上がる方である。
異邦人はこの方に望みをかける。」

どうか、望みの神が、あなたがたを信仰によるすべての喜びと平和をもって満たし、聖霊の力によって望みにあふれさせてくださいますように。

今週の主題講演を、神がエリシャのしもべの目を開けてくださった、というところから始めてまいりました。神の臨在そして神の力を見ることができるように、目が開かれました。二日目は「福音」について学びました。聖書全体の物語から、神がどういうことを成し遂げてこられたのか、成し遂げられるのかという観点から福音を考えてきました。そして昨日は「世界」について考えました。エレミヤがバビロン捕囚の民に宛てて書いた手紙を見てきました。大きな世界の中での取るに足らない小さな民と感じていた人たちのただ中にあって、なお神が主権を持っておられるということを思い起こしました。国々にとって祝福となるように祈り、生きること、神が与えてくださったミッションについて、そして決して失敗なさることのない神の約束についてお話ししてきました。

今日は「機会（Opportunities）」についてお話しいたします。日本は東日本大震災の津波災害、また福島の原発災害で大変な被害を通りました。しかしその中で、神が新たな機会を与えてくださっているとお聞きしました。そのただ中にあって、教会の働きがはっきりと目に見えるようになってきました。そこからフレッシュなビジョン、そしてフレッシュな力が与えられてきました。福音が実際に力を持っているということを見ておられるのです。皆さんは、愛をもって、憐れみをもって、イエス・キリストの福音を実際に生きていくときに、そのような力を体験してこられたのです。

では、今私たちが必要としていることは何でしょうか。この伝道会議のために準備をしてきた中で私に示されたことは、教会の間での協力であり、一致ということです。私たちには希望が必要であり、そしてまた一致が必要です。先ほど読んだ聖書箇所は、この希望および一致について語っています。ここ数日間学んできた事柄から、私たちは神の福音の真理と力に希望を見ることができます。では、一致と協力ということに関してはどうでしょうか。聖書が語っている内容を私たちが真剣に捉えるときにのみ、これらのことは起こり得るのです。私たちが一致をもって、また協力して生きなかったならば、どれほどひどいことが起こるのでしょうか？　福音の高潔さが脅かされます。これは大変に危険な状況です。

パウロはローマ人への手紙14章、15章において、このとても重要な問題を扱っています。このことは世界中の教会にとって大切なことであると同時に、現在の日本の教会にとってもとても重要な事柄です。神の御前にこの伝道会議のための準備をしている中で、神さまはこの聖書箇所を、そしてこのテーマを私に語ってくださいました。

聖書を読むときには、どういうコンテキストでこのことが語られているのかということを常に考えなければなりません。パウロはこのローマの教会への手紙を口述筆記したのですが、彼の宣教の働きにおいてターニングポイントがありました。15章でそのことを語っています。19節に「御霊の力によって……エルサレムから始めて、ずっと回ってイルリコに至るまで、キリストの福音をくまなく伝えました」とあります。これは地中海の東全体にわたって福音を伝えてきた、ということです。現在トルコ、ギリシア、アルバニアと呼ばれる地域です。パウロはその地域において、自分はすでに働きを終えたと感じていたようです。23節を見ると、「今は、もうこの地方には私の働くべき所がなくなりました」と語っています。そのように感じたのだと思います。

ですからパウロは、地中海の西のほうに目を向けていました。地中海の反対側のほうです。23、24節で、自分はイスパニア（スペイン）に行く予定であり、その途中でローマに立ち寄るつもりであると語っています。ローマ人への手紙は、パウロが宣教の方策を考える中で書いた手紙です。地中海の西のスペインのほうに宣教に行く、その計画の中でパウロはこの手紙を書きました。ローマの教会に、この宣教のベースとなり、自分がそこから送り出されて行く教会となってほしいと考えていたのです。シリアのアンテオケ教会が、送り出す教会として、パウロの最初の宣教を支えたのと同じようになることを願っていました。今やパウロは、西に向かって行く中で、ローマの教会が中心となって自分を送り出してほしいと考えていました。ですからローマの教会に書く手紙の中で、自分は今こういうことを計画しており、こういうことを皆さんにしてほしいのだ、と語っているのです。

しかし問題がありました。ローマの教会には分裂があることをパウロは知っていたのです。ユダヤ人でクリスチャンになった人々と、異邦人でクリスチャンになった人々との間に分裂がありました。パウロは宣教の働きを通してこの問題に直面し続けてきましたが、ガラテヤ書、エペソ書、ローマ書には特にその問題が書かれています。それらの教会における分裂は、パウロの宣教に悪影響をもたらすものでした。二つの理由があります。

一つは、パウロは和解の福音を語らなければならないのに、どうしてそのような分裂の教会を宣教のベースにすることができるでしょうか。その問題です。パウロが語っていたメッセージは、私たちはキリストにあって一つであるということでした。パウロがスペインに送り出されて行って和解の福音を語るときに、送り出したローマの教会で分裂があったらどうでしょうか。言い換えるならば、福音の真理が脅威にさらされていたのです。クリスチャンが和解と一致のうちに生きていないならば、福音を生き抜いていることにならないのです。福音を否定していることにさえなります。福音の高潔さ、真理が危険に晒されていました。

第二に、送り出すローマの教会に一致がないならば、パウロを宣教地に送り出すことができません。パウロの宣教それ自体が危険に瀕します。もし分裂がある教会が母教会となって宣教師を送り出すならば、宣教地にも分裂を送り出すことになってしまいます。日本には百四十ほどの教派があると聞きました。残念なことと言わなければならないのですが、その理由のいくつかは宣教師を送り出した外国の教会に分裂があったがゆえに、異なった教派がそういう形で存在しているということなのです。分裂のある教会が宣教師を送り出すと、分裂そのものも宣教地に送り出してしまうのです。

パウロがこの手紙をローマの教会に書いたのは、福音の偉大な神学的理解を彼らに与えるためだけではありません。この手紙のクライマックスといえる部分において、ローマのクリスチャンに、一致して互いを受け入れ合いなさい、そして平和のうちに、和解のうちに生きなさいと語っているのです。そうすることによってのみ、福音の真理が本物であるということがわかるのです。それこそが、異邦人に対して福音を宣べ伝えることができる唯一の道なのです。そしてそれこそが唯一、ローマのキリスト者たちが真の希望に満たされて生きる生き方なのです。

今日申し上げたいことは、こういうことです。この伝道会議の結果として、もし皆さんが教会のリーダーとして神のミッションを真剣に捉えて出て行くとするならば、そして神が皆さんの前に置いておられる機会に対して真剣に応答していこうと願うならば、このパウロが書いたローマ人への手紙を真剣に見なければなりません。それは単に教義的な事柄だけでなく――正しい神学を学ぶことは素晴らしいのですけれども――もっと実践的な内容が書かれているところ、特に12章から15章を真剣に学ばなければなりません。なぜならば、私たちは単に福音を信じるだけではなくて、福音に従って生きることが神に求められているからです。神のミッションのためにそれを行っていくのです。それが、このローマ人への手紙14章、15章のコンテキストです。

三つのことを見ていきます。第一に、福音が創造したものを見る。第二に、福音が要求していることを見る。そして第三に、福音が導く場所を見る。

ローマ人への手紙14章、15章は、当然ながら1章から11章の後にあります。パウロはこの手紙を通して次のようなことを論じているのです。それは、神は世の初めからさまざまな国々の人々を一つの信仰の民としようとされてきたのだということです。

人々の神への反逆、罪に対する対応を、パウロは1章、2章において論じています。ユダヤ人であろうと異邦人であろうと関係なく、この問題があるのだとパウロは語ります。私たちはみな罪を犯し、神の栄光に達していないのです。

そしてパウロは旧約聖書のイスラエルの神がアブラハムになさった約束を守り、保持しておられるのだということを語ります。神はアブラハムを通して世界中のすべての民は祝福されると約束されました。パウロは、そのことが起こっているのだと語っています。神はアブラハムに約束されたことを、イエス・キリストを通して実現しておられるのだと。イエス・キリストを信じるすべての者に、神の義と赦しと永遠のいのちの祝福を与えておられるのだと。パウロは、彼のミッションはすべての人々にこのことを伝えることなのだと考えているのです。すべての国々の人々に、神に従順なる信仰をもたらすということ、言い換えるならばアブラハムの模範に従う生き方をするということです。アブラハムは神を信じました。そして神に従いました。そのようなことが今起こっているのだと、パウロは語っているのです。

パウロは4章において、アブラハムこそは私たちすべての父であると語っています。神は、アブラハムを多くの国民の父とすると語られました。このテーマについて、パウロは別の手紙でも語っています。例えばエペソ人への手紙2章でパウロは、この福音において、もはやユダヤ人も異邦人もないのだと語っています。彼らをキリストにおいて新しいひとりの人に造り上げたと。世界に新たなる人が造られていったのです。ガラテヤ人への手紙3章ではさらに進んでいきます。もしあなたがイエス・キリストを信じるならば、アブラハムの子となるのだ、その民にあなたは属するのだと語るのです。

あなたがたはみな、キリスト・イエスに対する信仰によって、神の子どもです。バプテスマを受けてキリストにつく者とされたあなたがたはみな、キリストをその身に着たのです。ユダヤ人もギリシヤ人もなく、奴隷も自由人もなく、男子も女子もありません。なぜなら、あなたがたはみな、キリスト・イエスにあって、一つだからです。もしあなたがたがキリストのものであれば、それによってアブラハムの子孫であり、約束による相続人なのです。（ガラテヤ3・26〜29）

パウロは、福音がこのことを成し遂げたのだと語っているのです。私たちは、新たに神によって和解し一つとされた人類になっていくのです。皆さんはクリスチャンになったとき、日本においてこのコミュニティーに属したのです。教派がどれほど多かったとしても、関係ありません。

これが私たちのストーリーです。これが私たちなのです。これが私たちの信仰です。福音のゆえに、私たちはこのような民とされたのです。このことを覚えていなければなりません。私たちがそのただ中にある、神の物語の現実を覚えておかなければなりません。皆さんはこの真理の内にいるのです。アブラハムからキリストに至る聖書のストーリー全体における神の新たなる再創造、その中に私たちはいるのです。私たちは罪人ですが、神によって和解させられ新しい人とされたのです。神と和解させていただき、互いに和解していくのです。ローマ書、ガラテヤ書、エペソ書において、パウロはこの福音の内容を語っています。あなたがたはこのような民なのだと異邦人のクリスチャンに語っています。それが一番目のポイントです。福音が創造したこととは、こういうことです。

では二番目に、福音が要求していることは何でしょうか。それはローマ人への手紙14章、15章で語られています。もしクリスチャンが神によって一つとされた民であるならば、神がキリストのゆえに受け入れてくださった人々は、互いを受け入れ合わなければならないということです。ユダヤ人の背景を持っていようと、異邦人の背景を持っていようと、互いを受け入れ、歓迎し、抱擁するような関係を持たなければならない――文字どおりパウロはそう語っています。

15章1節を見ると、強い人また弱い人について書かれてあります。どういう意味でしょうか。「力のある者」ということばはおそらく、異邦人のクリスチャンが自分たちのことを指して言ったことばではないかと考えられます。彼らはユダヤ的な背景を持っていた人々を「力のない人」「弱い人」と見下していたのだろうと考えられています。パウロがここで「弱い人」と語っているのは、信仰が弱いということではありません。彼らはイエスさまを信じていました。彼らはより保守的で、より注意深くさまざまなことに気を遣っている人々でした。

14章でパウロは二つのことに言及しています。一つは食べ物のことです。肉が偶像にささげられる時代でしたので、ユダヤ人たちは肉を食べたくなかったのです。ですから野菜だけを食べていました。そして5節、6節には「日」について語っていますが、これは安息日のことです。ユダヤ人でクリスチャンになった人々は、当然のことですが安息日を守っていました。神によって命じられたことだったからです。ユダヤ人にとっては、ユダヤ人としてのアイデンティティーにおいて、そしてまたメシアであるイエスさまを信じるクリスチャンとして、これらを守ることはとても重要だったのです。ユダヤ人クリスチャンたちは、安息日を守り、偶像にささげられた肉は食べないようにして、身をきよく守ることに心を砕いていました。しかし異邦人のクリスチャンは、それが理解できませんでした。異邦人のクリスチャンは、自分たちは自由にされたと思っていました。自分たちは強い信仰者だと思っていました。キリストは私たちを自由にしてくださった、だから私たちは自由に生きるのだと、彼らは考えていました。それで両者の間に不和があったのです。

これは小さなことではありません。両者にとって、神学的にまた文化的に非常に重要な事柄でした。14章においてパウロは、あまり重要でないことに重きを置かないようにと注意しています。パウロは、クリスチャンになってからも一致できない事柄は必ずあるということを知っていました。異なった意見が出てくることを彼は理解していました。パウロは、すべてのことについて同じ意見を持ちなさいとは言っていません。パウロは、意見が違ったとしても互いを受け入れ合いなさいと語っているのです。それが、パウロがこのセクションの最初と最後に強調していることです。

14章1節は「あなたがたは信仰の弱い人を受け入れなさい」と語っています。そして15章7節には、「こういうわけですから、キリストが神の栄光のために、私たちを受け入れてくださったように、あなたがたも互いに受け入れなさい」、14章3節は、互いを受け入れ合うということがどういうことなのかについて、もう少し語っています。「食べる人は食べない人を侮ってはいけないし、食べない人も食べる人をさばいてはいけません。」クリスチャンのコミュニティーにおいて私たちは、人を侮ったりさばいたりしてはならないのです。ユダヤ人の信者を異邦人クリスチャンたちは軽蔑していました。「ああ、なんでこんなことがわからないのか。クリスチャンになったのに」と見下していました。パウロは、他のクリスチャンを決して見下してはならないと語っています。逆のことも起こっていました。ユダヤ人でクリスチャンになった人たちは異邦人のクリスチャンを見て、彼らのことをさばき、非難していました。なんで彼らはこんな道徳に反する間違ったことをしているのか、と非難しさばき、厳しく律法主義的に見ていました。

教会の中でこういうことは起こりやすいのではないでしょうか。他のクリスチャンを見下してしまったり、あるいは他のクリスチャンをさばいてしまったりするのではないでしょうか。しかしパウロは、キリストにあって神が私たちを受け入れてくださったのと同じように互いに受け入れ合いなさい、と語るのです。これは積極的な命令です。

しかし逆に見ると、そこにはどういうことが含まれているでしょうか。もし私が誰かを受け入れることを拒否するならば、そして見下すならば、あるいはブログに、あるいは何かのコメントで軽蔑したようなことを書くならば、そのとき起こっていることはこういうことです。「神はあなたのことを受け入れてくれたかもしれないが、私はあなたのことを受け入れません」というメッセージを語っていることになります。「キリストはあなたのことを神の家族に受け入れてくれたかもしれないが、私たちはあなたを私たちの教会に受け入れません」と言っているのです。そのようなことを言う権利が私たちにあるのでしょうか。

パウロは、神が私たちを受け入れてくださったのですから、互いに受け入れ合いなさいと語るのです。なぜ、そうすべきなのでしょうか。

パウロは偉大な説教者です。これらの二つの章において、彼は心を込めて議論をしています。この問題について何度も語っています。互いを受け入れるべき三つの大きな理由が挙げられていると思います。第一に、私たちは同じ主のしもべなのです。14章1節から12節にそのことが書かれています。しもべは、しもべ同士で互いに非難し合う権利はありません。なぜならば、同じ主人に対して責任を負っているからです。私たちが同じ主のしもべであるならば、私があなたのことを評価したり批判したりする必要はないのです。私があなたのことをどう思うかなどということはどうでもよいのです。神があなたのことをどう思われるかが大切なのです。私たちはみな神のしもべであり、神に対して応答する責任を負っているのです。

パウロは7節、8節でこのことを強調しています。パウロが何回も言うこと、それは、私たちが主のために生き、主のために死に、何をするにも主のために行うのだということです。食べるにしても飲むにしても、主のためにそれを行っているのです。神の御顔の前に生きるのです。神が見ておられるから、そのただ中で生きる。他の人はどうでもいいのです。ですから、皆さんのことを見下したりさばいたりする権利は、私にはありません。私は神の御前に立っており、皆さんも神の御前に生きているのです。

また私たちは今、主の御前にしもべとして生きるだけではなくて、私たちは終わりの日に神の御前に立たなければなりません。10節はちょっと驚くようなことばです。「なぜ、あなたは自分の兄弟をさばくのですか。兄弟を、姉妹を、なぜあなたはさばくのですか。私たちはみな、神のさばきの座に立つようになるのです。」これはわれわれの目を覚ますような聖書のことばです。私たちがこの地上で議論するあのこと、このことは、神の御前に立つさばきの日に問題になるようなことでしょうか。ある方はカリスマ的なクリスチャンで、エキサイティングな礼拝が好きだと言われるかもしれません。あるいは改革派のクリスチャンで、静かで厳かな礼拝を好まれるかもしれません。さばきの座につくときに、そこにどんな違いがあるというのでしょうか。ギターやドラムを使ったライブ的な礼拝が好きだという人もいるでしょう。礼拝の中でそういうのを全部入れてやっても大丈夫という、強いクリスチャンだという方。あるいは、もっと保守的なクリスチャンには、オルガンやピアノまではいいけれどそれ以外の楽器はちょっと……という人もいます。さばきの座につくときに、それらに大きな違いがあるでしょうか。千年王国はキリストが来られる前に来ると考える人もいます。あるいは千年王国はすでに起きたと考えている人もいます。キリストが戻って来られ、さばきの座につくとき、それはもうどうでもよいことになっているでしょう。

最も重要なさばきの日にそれが問題にならないとするならば、なぜ私たちは今、それをめぐって分裂するのでしょうか。私たちはみな、神のさばきの座につく日が来るのです。それを念頭に置いているならば、幾つかの争いはなくなっていくのではないかと思います。ガラテヤのクリスチャンにパウロはこういうことばを語ります。なぜ互いに噛み合ったり傷つけ合ったりしてしまうのか、と。私たちはみな同じ主に答えていかなければならないのです。

互いを受け入れるべき二番目の理由は、私たちは愛によって行動しなければならないということです。14章15節に特にそのことが書かれています。コリント人への手紙第一の8章で食べ物について語られている内容と重なります。もちろんクリスチャンはキリストによって自由にされていますから、自由に生きたらいいのです。自由に食べたらいいのです。確かにそのとおりです。しかしながら私たちには、他の人たちを傷つけたり嫌な気持ちにさせたり攻撃したりする、そのような自由は与えられていません。そこには愛がありません。15節を見てください。「もし、食べ物のことで、あなたの兄弟が心を痛めているのなら、あなたはもはや愛によって行動しているのではありません。」

私たちが兄弟姉妹に対して罪を犯しているのなら、キリストに対して罪を犯しているのだと、パウロはコリントのクリスチャンに語ります。イエスさまが命じた最後の命令の一つは、互いに愛し合いなさいということでした。それほど深刻な問題なのです。これは否定的な側面ですが、愛に対して罪を犯すということです。

19節を見ると、むしろ肯定的なことが語られています。「平和に役立つことと、お互いの霊的成長に役立つことを追い求めましょう。」パウロは強いことばを使っています。体育会系のことばと言ってもいいでしょう。このことは困難だ、だけどやらなきゃいけない！　力を込めて、努力して、やり遂げなければいけない！　人々との間に平和をつくり出し、人々を立て上げることを行っていかなければならないというのです。皆さんの人生において、皆さんの教会において、このことが起こっているでしょうか。これが皆さんの人生を、また教会を貫いている原則でしょうか。愛、そして互いを立て上げるということが、福音とミッションのために皆さんの人生を貫いているでしょうか。

ミッションのために愛を追い求めること、互いを立て上げること、それは「ケープタウン決意表明」の中に何度も記されている内容です。パートⅠの９「私たちは神の民を愛する」というところ。これは重要な箇所です。

神の民とは、神が新創造の一員としてキリストの栄光を分かち合うために、ご自分のものとするための一つの民として、キリストにあって愛し、選び、召し、救い、聖められた、あらゆる時代のあらゆる国々の人々である。したがって、神が永遠から永遠に至るまで、また騒乱と反逆に満ちた私たちの歴史を通じて愛してくださっている者として、私たちは互いに愛し合うように命じられている。「神がこのように私たちを愛されたのだから、私たちも互いに愛し合うべき」であり、その結果、「神にならう者となり、（中略）キリストが私たちを愛して私たちのためにご自分を献げてくださったように、愛の生活を生きる」べきである。神の家族におけるお互いに対する愛は、単なる好ましい選択肢ではなく、逃れようのない命令である。このような愛は、福音に対する服従の第一の証拠であり、キリストの支配に対する私たちの服従の必然的な表現であり、世界宣教の力強い原動力である。

Ⓐ愛は一体であることを求める。イエスの弟子たちは互いに愛し合うべきであるというイエスの命令は、弟子たちが一つとなるようにというイエスの祈りと結びついている。この命令と祈りはどちらも宣教的である。「あなたがたがわたしの弟子であることを世が知るようになるため」、そして「あなた〔父〕がわたしをつかわしたことを世が知るようになるため」である。福音が真理であることの最も説得力に満ちたしるしは、世界の根深い分断の障壁を越え、人種、肌の色、性別、社会階級、経済的特権、政治的連帯といった障壁を越えて、キリストを信じる者たちが愛によって一つとなる時である。しかし、クリスチャンどうしの間で、まさにこの同じ分断が出現し、それが増幅するなら、これほど私たちの証しを台無しにするものは他にまずない。私たちは、全大陸にわたるキリストのからだの内に、差し迫った思いで新たな世界的パートナーシップを追い求める。それは、温情主義も不健康な依存もなく、深い相互愛と相互服従と思い切った経済的分かち合いに根ざすものである。そして私たちがこれを追い求めるのは、全世界において、福音にあっての私たちの一体性を実際に示すためだけではなく、キリストの御名と神の宣教とのためである。

私たちは同じ神のしもべなので、お互いを受け入れなければなりません。私たちはまた、愛によって行動しなければなりません。そして三番目に、キリストの模範に倣うべきだから、私たちは互いを受け入れ合わなければならないのです。

15章の2節、3節を見てみましょう。「私たちはひとりひとり、隣人を喜ばせ、その徳を高め、その人の益となるようにすべきです。キリストでさえ、ご自分を喜ばせることはなさらなかったのです。むしろ、『あなたをそしる人々のそしりは、わたしの上にふりかかった』と書いてあるとおりです。」

イエスさまと同じ思いを持ち、イエスさまがなされたように私たちは生きなければならないと、パウロは語るのです。イエスさまはご自身を喜ばせるような生き方ではなく、他の人々のために生きられました。そしてパウロは詩篇69篇を引用します。ここから引用するというのは非常に興味深いことです。なぜなら、この詩篇の記者は、迫害され不正義な攻撃の苦しみを経験しているただ中でこれを書いたからです。彼に対する攻撃そして不正義のただ中で、この詩篇は書かれました。キリストが経験されたのと同じように。しかし違いがあります。詩篇の記者は神のさばきを願っていましたが、キリストは自らを傷つける者たちのために赦しを祈られたのです。

イエスさまが持っておられたのと同じ心、同じ思い、同じ態度を互いに対して持ってほしいと、パウロは5節、6節で語ります。「どうか、忍耐と励ましの神が、あなたがたを、キリスト・イエスにふさわしく、互いに同じ思いを持つようにしてくださいますように。それは、あなたがたが、心を一つにし、声を合わせて、私たちの主イエス・キリストの父なる神をほめたたえるためです。」

パウロは、私たちがキリストの模範に従うなら、キリストの思いを持つと語ります。私たちが礼拝し、ともに歌うときに、私たちの声は一つとなります。それは私たちが愛によって一つとされるからです。そして私たちの考え、私たちの行動、私たちの礼拝が、父なる神に栄光をもたらすのです。5節、6節は素晴らしい箇所だと思います。非常に積極的な励ましの箇所です。

しかし、このような節においても否定的な面も見なければなりません。キリストの模範に従った生き方をしなければ何が起こるのでしょうか。もし私たちが互いを受け入れず、互いに一致をもって協力して生きていないなら……パウロは言うのです、「あなたがたはキリストの思いを持っていません」と。賛美歌をともに歌っていたとしても、それは冒瀆するような行為になってしまっている、神の栄光を傷つけている、そして神がなさろうとしている神のミッションを妨げている、と。

福音がどのようなことを成し遂げたのかを見てきました。私たちは、神が和解させてくださり、新たに一つとしてくださった人々、神の民に属しています。そして福音が何を要求するのかということを見てきました。互いを受け入れ、一致をもって協力関係をもって、ともに働くことが求められています。パウロはさまざまな理由を、これらの章において語っています。私はパウロが終えるような形でこの講演を終えたいと思います。

9節から12節において、福音が私たちをどういうところへと導いていくのかに目を向けます。一致と協力ということです。しかしそれはそうしたほうがうまくいくから、といった実利的なことではありません。いがみ合うよりは仲良くしたほうがよい、という程度のことでもありません。もちろん協力したほうが気持ちもいいですし、それは正しいことなのですが。

しかしパウロが語っている一致と協力の理由は、世界中の国々における神のミッションのためのものです。それはローマ人への手紙のクライマックスと言ってもいいでしょう。キリストにあってローマのクリスチャンが互いを受け入れ合うようにと、パウロは語ります。その理由は、イエス・キリストが世に来られた理由、その大きな神の物語にあるのです。それゆえに私たちは協力するのです。

15章8節を見てください。「キリストは、神の真理を現すために、割礼のある者（ユダヤ人）のしもべとなられました。」これは福音の物語です。福音とは旧約聖書の預言の成就です。神は仕えるしもべを送って来られた。そのしもべなる救い主はイスラエルを神へと連れ戻す。その神のしもべキリストは、多くの人の身代金としての犠牲となられる。神のしもべとしてイエス・キリストが来られ、そのような生き方、死に方をなさったのだというのです。そしてパウロは何と続けるか？　それは「父祖たちに与えられた約束を保証するため」だというのです。そして「また異邦人も、あわれみのゆえに、神をあがめるようになる」。

イエスさまはイスラエルのしもべになられましたけれども、イスラエルのためだけに来られたのではありませんでした。これはアブラハム契約の成就なのです。世界中の人々が神のもとに帰って来るという約束です。それが神のミッションです。それがイエスさまのミッションです。その物語を思い起こすようにと、その物語の中にいるようにと、パウロは語っているのです。これがどれほど重要なことであるのかということを強調するために、パウロは聖書から四つの引用をしています。どんな説教者でも、聖書を四回も引用するならば、何か非常に重要なことをそこで語っているのです。この四つの引用の中で繰り返されていることばは何か、それは異邦人、諸国です。それが焦点になっているのです。それだけではありません。パウロは申命記から、イザヤ書から、そして詩篇から引用しています。それは律法であり、預言であり、賛美です。旧約聖書正典のすべてのセクションから、彼は意図的に引用しているのです。旧約聖書全体が語っていること、それは時が来ると神は救い主を送られ、世界中の異邦の民が神に祝福され救いへと導かれるということです。パウロはそのことをここで語っているのです。

それは復活の日にイエスさまが弟子たちに語られたことと同じです。ルカの福音書24章45節に、イエスさまは弟子たちに「聖書を悟らせるために彼らの心を開い」たとあります。そして今週、聖霊がそのことをなしてくださっていることを願っています。聖書にこう書いてあるではないか、とイエスさまは言われました。旧約聖書のメッセージ全体はこういうことなのだ。メシアが来る、そして苦しみを受け、三日目によみがえる。十字架にかけられ、復活されたメシアが弟子たちの目の前におられました。そしてイエスさまは続けます、「罪の赦しを得させる悔い改めが、エルサレムから始まってあらゆる国の人々に宣べ伝えられる」（47節）。それが神の目的なのだと、イエスさまは語られたのです。それが皆さんのなすべきことなのです。証ししていくことです。そのことのゆえにパウロはスペインにまで行こうとしていました。スペインまで行けたかどうかはわかりませんが、パウロは行きたかったのです。だからローマの教会にこの手紙を書きました。パウロは言います。異邦人にも福音のメッセージを伝えるためにキリストは来られた。それが神のプランであり、目的であり、ミッションなのだ。そして、そのことのゆえに、キリストはご自身を神に仕える者としてささげられたのだ、と。だからキリストのごとく生きなさい。キリストと同じ思いを持ちなさい。互いに愛しなさい。互いを受け入れなさい。互いを抱擁しなさい。神のミッションのゆえに。神がなさっていることを見て、それに参与していくようにと、この手紙を書いたのです。

何年か前に、ヨルダン川西岸のベツレヘムのカンファレンスに参加したことがあります。パレスチナのクリスチャンによって企画された集まりでした。ユダヤ人でクリスチャンになったメシアニック・ジューの方々も何人かいました。ローザンヌ運動の一環として私も参加しましたが、パレスチナのクリスチャンとメシアニック・ジューがともに福音による一致を求める集会でした。

ナディーブというパレスチナ人の牧師が語り、イスラエルとパレスチナの間に起こっている悲劇的な出来事がどれほどひどいことかを語りました。隔ての壁がある状況のただ中で、両方の側にクリスチャンたちがいました。それは今日におけるローマ書14章の出来事と言ってもいいでしょう。イエスさまを信じているユダヤ人のクリスチャンと、イエスさまを信じているパレスチナのアラブ人のクリスチャンです。彼が以下のことばを語ったとき、私はそれをその場で書きとめました。それが非常にパワフルだったからです。こう言いました。「サタンは私たちの互いの関係を、サタンが世界中でしているような働きに沿うようにさせたいと思っている。しかし神は、私たちが、福音においてイエスさまがすでになされたような形で私たちが互いの関係を作り上げていくようにと願っておられる。」

私の兄弟、姉妹である皆さん。もしイスラエル人のクリスチャンとパレスチナ人のクリスチャンが、その壁を越えて一致をもたらすことができたとするならば、日本のクリスチャンにそれができない理由があるでしょうか。パウロはスペインにおけるミッションのドアが開かれることを願っていました。しかしパウロは、彼を送り出すことになるローマの教会が霊的に健全であり、一致がもたらされることを、まず願ったのです。

日本の教会においても、たくさんの機会がこれからあるでしょう。私は日本の皆さんとともに、この伝道会議を通して、私たちのうちに悔い改めが起こり、互いを受け入れ、一致をし、協力が進んでいくようにと祈ります。コイノニア・テーブルでそういうことが起こっていくでしょう。そしてアナロギアを通して、さまざまなプロジェクトを通して、これからの七年を通してさらに進んでいくことでしょう。ミッションにおける一致と協力がここから発展していくことを祈ります。それが起こり、パウロが13節で祈っていることへの答えとなることを期待します。

「どうか、望みの神が、あなたがたを信仰によるすべての喜びと平和をもって満たし、聖霊の力によって望みにあふれさせてくださいますように。」アーメン。

閉会礼拝説教　竿代照夫

■JCE6閉会礼拝　竿代照夫（JCE6実行委員長）

福音のためにあらゆることを！

主題聖句　コリント人への手紙第一9章23節

私はすべてのことを、福音のためにしています。それは、私も福音の恵みをともに受ける者となるためなのです。

19　私はだれに対しても自由ですが、より多くの人を獲得するために、すべての人の奴隷となりました。
20　ユダヤ人にはユダヤ人のようになりました。それはユダヤ人を獲得するためです。律法の下にある人々には、私自身は律法の下にはいませんが、律法の下にある者のようになりました。それは律法の下にある人々を獲得するためです。
21　律法を持たない人々に対しては、――私は神の律法の外にある者ではなく、キリストの律法を守る者ですが――律法を持たない者のようになりました。それは律法を持たない人々を獲得するためです。
22　弱い人々には、弱い者になりました。弱い人々を獲得するためです。すべての人に、すべてのものとなりました。それは、何とかして、幾人かでも救うためです。
23　私はすべてのことを、福音のためにしています。それは、私も福音の恵みをともに受ける者となるためなのです。

はじめに　JCE6に関する感謝とJCE7への期待

四日間にわたる第6回日本伝道会議もこの午前をもって締めくくられます。この会議のために注がれた愛の労、払われた犠牲について、「水を汲んだ」お一人ひとりに対し主にあって感謝申し上げます。この会議で語り合われたさまざまな提案が主の御力によって実行に移され、ささげられた祈りの数々が主に受け取られて実現に至ることを信じます。そして次の第7回日本伝道会議には、福音の前進をともに喜び合う再会を期待いたします。これらのことを思い巡らしつつ、パウロの伝道姿勢を示すコリント人への手紙第一9章23節から教えられることをお分かちし、私の務めを果たさせていただきます。

主題聖句を読みます。「私はすべてのことを、福音のためにしています。それは、私も福音の恵みをともに受ける者となるためなのです。」

1　みことばの強調点

いきなり個人的な話で申し訳ありません。私と妻は、今から四十四年前に結婚しました。その結婚式で、ある方が文語訳でこのことばを引用してお勧めをくださいました。「われ福音のためにすべての事をなす。」その方の強調は、「あなたがたのなすことすべて、寝るのも食べるのも何事をなすにも、福音の前進のためにしなさい、救霊に集中しなさい」というものでした。「福音伝道に関係のない事柄には一切関与するな」という、狭く厳しい生活態度の勧めでした。そのときはそういうものかな、と思いましたが、考えてみると、これは、ものすごく狭い人間に自分を縛ってしまう思想でした。少なくとも、このみことばの強調点は少し違うのではないかと思われます。

みことばを何度も読み返し、ほかの翻訳も比べてみました。新改訳は、今読みましたように、「私はすべてのことを、福音のためにしています」です。新共同訳は「福音のためなら、わたしはどんなことでもします」と積極的です。英訳は、〝I do all this for the sake of the gospel〟と前の文章を引き継いでいます。二〇一七年秋に完成予定の『聖書　新改訳２０１７』はもっと明快に「私は福音のためにあらゆることをしています」と訳しています。

この聖句から、二つのことが明らかになってきます。一つ、23節はその前節までの「福音伝道のために柔軟性を持とう」という思想を受け継いでいること、もう一つは、「福音のために何でもしよう」という積極的な伝道姿勢を示していることです。

2　福音伝達者の柔軟性

19節から23節に至る文節でパウロが強調しているのは、「福音を伝える者の持つべき柔軟性」です。19節でパウロは、「私は……より多くの人を獲得するために、すべての人の奴隷となりました」と言います。これは、福音を受け取る人の側に立って、その人々の心を開いていただくためにその人の立場に立つという態度を示しています。パウロは、自分の在り方に固執しないで、すべての人の奴隷となりました。自分の原則を曲げたのではありませんが、可能な限りの柔軟性を用いたのです。彼らの心を開いていただくために、その心において同化するように努めたのです（19節）。

ユダヤ人の間で伝道するときには、ユダヤ人のように振る舞いました。同じユダヤ人として律法を守り、会堂での礼拝に加わって伝道のチャンスを得ようとしました。ナジル人としての誓いを果たして、ユダヤ人らしく振る舞った記事はその例証です。

異邦人の間で伝道するときには、異邦人のように振る舞いました。ギリシアの宗教に対しても一方的な弾劾をせず、理解ある態度を示しました。もっと砕けて言えば、一緒にオリンピック見物にでも出かけて、共通の話題を得ようとしたかもしれません。

弱い人々には、弱い者となりました。信仰に入ったばかりの弱い信仰のクリスチャンたちにはその弱い良心をつまずかせないように彼らと同じ振る舞いをしました。状況によっては、食べたいと思った肉も遠慮しました。

あらゆる人々には、その心に寄り添いました。貴族の中では貴族のことばで、スラム街に行ったらその人々のことばで、飲む人にはそのような話題で心を開いていただくことが福音を伝達する第一歩です。ビリー・グラハムの伝記に、彼がロンドンの酒場で楽しそうに杯を傾けている写真がありました。下に小さく「彼が飲んだのはジンジャエールだった」とコメントがありました。こうした行動やしぐさは、技巧とか戦略といったものではありません。心の持ち方です。真実に相手の心と同化しようと努める姿勢が心を開かせるのです。私たちの時代でいえば、茶髪の高校生にはそのように、ビジネスマンにはそのように、主婦にはそのようにと、それぞれの心に寄り添った態度を示したいものです。少なくとも、教会の集いに、髪の毛の色が変わっていたり、服装が他の人と違っていたり、腕にきれいな彫り物があったり、という外形だけで、びっくりしたような顔をしない心構えが必要です。私は最近学校の同窓会に努めて出席するようにしています。昔は、会費のほとんどが「飲み代」に使われて面白くないから出席しないという態度でしたが、今は出席してみんなと楽しく交わり、チャンスがあれば「葬式の備えはこちらへ」などとPRしています。教会に来てくださる級友もぼちぼちおります。福音のために、人々に同化する気持ちと行動が必要と思います。

3　創意工夫とチャレンジ精神

同化という点から進んで、パウロは「福音のために、すべてのことをする＝伝道のためならば何でもやってみよう」という創意工夫を奨励しています。かつて私たちの教会で伝道懇談会を開き、伝道のためのアイデアを皆で出し合ったことがありました。こうしたブレーンストーミングを通して、発想転換が迫られたことを思い出します。私たちに伝えられた福音の素晴らしさを、伝達方法の貧しさで減殺してはいないだろうかと反省させられます。もっと大胆な発想で、現代人が何を求め、何に関心を持ち、どういった音楽や話題に共鳴するかを知って、それに合わせていく努力を払い、それを実行したいと思います。そのために、私たちの教会で行っているいくつかの例をお話しします。

・間口を広く開けよう

人々のニーズや興味に届く活動を試みたいと思います。私たちの教会では、福音の間口を広くするために、「聖書を読む会」はもちろんですが、手芸教室、讃美歌を歌う会、押し花アート教室、English Bible Class など、幅広い文化的活動を通して、教会につながりを持つ方々を増やしていくことを心掛けています。その他、子育てをともに考える会とか、スポーツをともに楽しむ会とかいろいろな切り口で教会に関心のない人々を取り込む工夫をしておられる教会があるでしょう。そうした実例を学びつつ、できるものから実践しましょう。失敗を恐れず、トライしましょう。

・個人的なつながりを大切にしよう

私たちの教会ではスモールグループ活動を進めています。この活動の本来の目的は会員同士の交わりですし、今後もそうですが、同時にその交わりに求道者を組み込んでいくことで、伝道的性格を盛り込んでいます。人々は、寂しいのです。つながりを求めています。温かい個人的なつながりをどんな形であれ提供し、その中でキリストの愛を伝えていくことは有効と思います。特に、他宗教の方々には、議論や説得ではなく、愛の行いが心を開かせるツールとなり得ます。

・救いを明確に提示しよう

間口を広くするだけでは、魚は餌だけ食べて逃げてしまいます。どこかでぎゅっと的を絞る必要があります。どこかで、救いを個人的なものとする機会を差し上げることは必要です。礼拝説教もそうですが、特に伝道会（私たちは、ジョイフルアワーと称しています）では、救いの入り口を明確に語るように努めています。特に、決心を迫る時間を含む特別伝道会は大切です。聖霊のお働きを信じて大胆に福音を提示しましょう。

4　伝道のゴール

パウロは、福音伝達者としての真剣な姿勢を示したのちに、そのゴールを示します。23節、22節の終わりに、「それは……のためです」と言っているところです。

パウロは、福音のためにあらゆる試みをする目的について、「それは、私も福音の恵みをともに受ける者となるためなのです」（23節b）と述べています。彼自身が福音に与るものとなる、と述べています。

伝道が救いの手段であるという意味ではありません。一人の魂の救いに参加することによって私たちもその喜びに与るのです。魂の救いのために全力を傾けていることが、私の魂の成長の道でもあるのです。

もう一つは「幾人」かの救いです。すべての人の奴隷となって福音を伝える目的として、パウロは「それは、何とかして、幾人かでも救うためです」（22節）と述べています。パウロのような大伝道者が、あらゆる方法を用いて福音のために労するのは「幾人かの救いのため」と語っているのはまことに興味深いことです。何千人の救いとか、百万人救霊とか大風呂敷を広げていません。なぜでしょうか。彼は、魂の救いがどんなに難しいかを知っていたからです。さらに、救われる一人の魂の価値を知っていたからです。

バスケットでは、80 vs. 70というようなハイ・スコアで試合が終わることがほとんどですが、サッカーでは、九十分戦って1－0とか、せいぜい3－2とかのロースコアで終わる場合がほとんどです。ですから、サッカーでゴールを決めたときには、アナウンサーも「ゴーーーール」と叫ぶのです。一人の魂が救われるときには、天において「ゴーーーール」と、み使いたちが爆発的な喜びを表します。私たちが福音のためにあらゆる手段を使って真剣に祈り戦うのは、そのゴールを目指しているからです。

おわりに　JCE7に向かって「チーム〝公同教会〟」として励もう

JCE6は今日で終わります。これからJCE7に向かっての七年間、そのゴールを目指してともに戦いましょう。サッカーチームのように、ゴールの一点を目指してディフェンダーもミッドフィールダーも、フォワードもゴールキーパーもみんなで力を合わせましょう。

祈ります。

父なる神さま。私たちは日本の各地から、そして海外からもともに集い、四日間の濃い時間を共有しました。ともにみことばに聞き、ともに語り合い、ともに祈り合いました。これからそれぞれの場所に戻り、それぞれ証しの務めを果たさせていただきます。場所も、証しの形態もみんな異なりますけれども、一つの御霊につながれ、一つの目標に向かって戦います。主が私たちの心をつないでください。できる範囲で、できる形で協力できるように私たちに知恵と力と、そして互いを尊敬し、受け入れる寛大な心を与えてください。

私たちの愛する日本を、そして世界をお救いください。天においてあなたのみこころが速やかに、そして妨げなく行われているように、地においてもあなたのみこころがなり、御国が広げられますように。主イエス・キリストの聖名によって祈ります。アーメン

証し　中橋スティーブン・永井みぎわ・池淵亮介

■全体会議Ⅱ　証し

被災地で教えられたこと

石巻クリスチャンセンター・ディレクター　中橋スティーブン

今日は被災地で教えられてきたこと、また導かれてきたことを証しさせていただきます。二〇一一年三月十一日、東日本大震災が起きたとき、実は私はまだ大学生でした。数週間後に卒業を控えていたにもかかわらず、就職先は決まっていませんでした。その後、神さまの不思議な導きで、五月十七日に被災地に入ることになりました。

最初の一年半は、サマリタンズ・パースの一員として石巻で百九十軒の建物の復旧に関わらせていただきました。その後は、石巻クリスチャンセンターのフィールドディレクターとして三つの目的——つまり、地域の人々に仕える、教会に仕える、そしてキリストの愛を分かち合うこと——を目指して活動してきました。現在六名の現地スタッフとその働きを進めさせていただいています。被災地である石巻で働く中で教えられてきたことを三つ、これからお分かちしたいと思います。

まず第一に、主がご計画をもって私の人生を導いてくださっているということです。

エレミヤ書29章11節の「わたしはあなたがたのために立てている計画をよく知っているからだ。——主の御告げ——それはわざわいではなくて、平安を与える計画であり、あなたがたに将来と希望を与えるためのものだ」ということばから教えられてきました。

大学生活では自分がなんと罪深く、欠けの多い存在であるかを知らされる経験をたくさんしてきました。また、アルバイトで授業料を稼ぎながらだったこともありますが、八年間の大学生活を送り、無駄に思える時間を過ごしてしまったと思っていました。

しかし、神さまは私のその八年間の経験をさまざまに用いてくださっています。また、主はもっと前から ご計画のうちに備えてくださっていました。実は十一歳のときにスコットランドから日本に来たとき、私は一言も日本語が話せませんでした。またそれから後も、本当に苦労しました。しかし、今は英語と日本語を用いてたくさんの国内外からのボランティアの方と被災された方とをつなぐ役割を与えられ、通訳のご奉仕もさせていただいています。

被災地に遣わされてからは、「神さま、もう無理です。明日どうしていいかわかりません」という祈りをたくさんしてきました。そのときごとに神さまの守りは完全で、必要なときに必要な助けを与えてくださいました。神さまはご計画をもって導かれているとともに、必要な助けを与えてくださる方であることを感謝します。


第二は、キリストに留まることの大切さです。

サマリタンズ・パースのモットーだったこともあり、「行って同じようにしなさい」というイエスさまのことばを、私も良きサマリア人と同じように「行って同じようにしよう」と願って最初は努力してきました。しかし、最近はむしろ「私は行って同じようにはできない者である」ということを学ばせていただいています。私の能力や賜物また努力によって人を愛し、仕え、希望を与えることはできないことを自覚する大切さを教えられています。その上で、自分には何もないので主に留まり、つながっているときにのみ、主ご自身の愛が、仕える心が表れてくださり、人々に真の希望を分かち合うことができるということを教えられています。

まさにヨハネの福音書15章5節のみことばのとおりです。「わたしはぶどうの木で、あなたがたは枝です。人がわたしにとどまり、わたしもその人の中にとどまっているなら、そういう人は多くの実を結びます。わたしを離れては、あなたがたは何もすることができないからです。」

最後は、実際に互いに愛し合うということの大切さです。

クリスチャンとして当然なのですが、石巻でもイエスさまが私たちのために死んでくださり、復活されたという福音を中心にしたコミュニティー、そしてともに歩む神の家族がまず心から愛し合うことが何よりも大切だと教えられています。そのときこそ人々に主の愛が知られ、私たちが本当に地域の人を愛せるように変えられていくと信じています。そして、その交わりが広がり続けることを期待しています。人々の関心が被災地から離れつつある今だからこそ、キリストにある神の家族の愛が被災地に生まれ、分かち合われることを主が願っていると信じています。

ヨハネの福音書13章34節、35節に「互いに愛し合いなさい。わたしがあなたがたを愛したように、あなたがたも互いに愛し合いなさい。もし互いの間に愛があるなら、それによってあなたがたがわたしの弟子であることを、すべての人が認めるのです」とあります。互いに愛し合うことも、自分の力でできることではなく、聖霊の働きであることを覚えさせられています。

主の愛すらわかっているようでわかっていない自分ですし、自己中心で他者を十分に思いやれない者であることを日々自覚しています。

けれども、私にはそれでも希望があります。なぜなら、ローマ人への手紙5章5節で「この希望は失望に終わることがありません。なぜなら、私たちに与えられた聖霊によって、神の愛が私たちの心に注がれているからです」と神さまが約束してくださっているからです。

主のご計画を信じ、キリストにとどまり、互いに愛し合う交わりが主にあって強固に築かれていくときに石巻が変えられていくことをこれからも信じ、祈っていきたいと願っています。

■全体会議Ⅲ　証し　ともに生きる

サーバンツ　永井みぎわ

ルカの福音書4章18節、19節（リビングバイブル）

「わたしの上に主の御霊がとどまっておられる。主は、貧しい人たちにこの福音（神の救いの知らせ）を伝えるために、わたしを任命された。主はわたしを遣わして、捕虜には解放を、盲人には視力の回復をお告げになる。踏みにじられている人を自由にし、主の恵みの年をお告げになる。」

このことばは、イエスが三年間のミニストリーを始めるときに宣言したことばです。マニフェストとも言えるでしょう。あるとき、私の胸にこのことばが残って離れなくなりました。イエスが、もし今この地上を歩いていたら、どこにいるのだろうか？　貧しく虐げられている人たちとともにいるのではないだろうか？　そして、イエスがいるところに私もいたい。

ただ、一つ問題がありました。私は、捕虜や目の見えない人、踏みにじられている人を知らなかったのです。クリスチャンとして育ってきた中で、社会の隅に置かれてしまっている人たち、また貧しい人たちのところにイエスがいる、ということを誰も教えてくれなかった。今世界には七十四億人を超える人たちが住んでいます。その半分以上が都市部にいますが、都市部の経済的な成長の裏に必ず貧富の差がありす。そして世界の十人に一人以上が、スラムで暮らしているという現状があるのです。

アメリカの都市部の貧困が厳しい地域で、クリスチャンの共同体を始めたシェイン・クレイボーンという人がいます。その人が言うには、裕福なクリスチャン（これは世界的に見たら、もちろん私たち日本人も含まれますが）にとっての一番の悲劇は、貧しい人たちに関心がないのではなく、貧しい人たちを知らないことだ、と言っています。私は、貧しくない日本人です。お腹がすいて眠りについたことも、学校に行けなかったことも、幼くして花嫁代金と引き換えに結婚させられたこともありません。でも、貧しい人たちを知りたかったし、その中でイエスに出会いたかった。そこで、サーバンツという団体のメンバーとして、カンボジアのスラムで三年間生活することになりました。サーバンツとは、世界の貧しい人たちの多くが住むアジアのスラムで、イエスの愛によって人々と社会が変革されることを願って活動している、クリスチャンのネットワークです。

そこで感じたこと、学んだこと、変えられたことをすべて話すには、残った時間では到底間に合いません。もし興味がある方がおられましたら、今回ブースで販売している『世界がぶつかる音がする』をぜひ読んでください。スラムでの現実、そこにある暗闇と光、そこに移り住んだサーバンツの仲間たちと、出会った人たちの証しが詰まっています。今日、私が皆さんに伝えたいことは、私がどれだけのことができたか、ではありません。スラムで出会ったカンボジアの家族や近所の人たちが、どれだけ私にイエスの愛を示してくれたのか、ということです。なぜなら愛や恵みや美しさやいやしがあるところに、神が働いているからです。

最初、貧しい人たちのために何かをしたい、という思いで私はカンボジアに向かいました。しかし、まず言葉や文化もわからない中、自分のプライドや役に立たない姿に打ちのめされました。そしてその中で、ありのままで愛されていることを学んでいったのです。これが、低くされることだと思います。貧しい人たちは、常に低くされています。読み書きができないから、仕事がないから、依存症を抱えているから。

だからこそ、イエスの愛がストレートに入ってくるのだと思います。逆に、私は愛して人に仕える良いクリスチャンだという高慢で偽善的な思いがあったから、この神さまの愛が本当に無条件だということに気づけていなかったのかもしれません。

自分がありのままで愛されているということがわかると、今度は周りの人たちが、どのような人であろうと、どんな宗教であろうと、神に愛されているのだということが見えてきます。そして、彼らが持っている賜物が見えてくるのです。近所の貧しい子たちに、お菓子を買ってあげるおばさん。自分もエイズで親を亡くしてつらい経験をした中で、子どもに勉強を教えてあげる大学生。田舎から工場に働きにきた女工さんたちが、狭い部屋で一緒に生活しながらお互いを支え合っている姿。外国人の私を迎え入れて、友だちになってくれた人たち。

ともに生きるようになって気づくことは、神がもうすでにそこで働いているということでした。そして、自分ができることを、周りの人たちと協力して実行するようになっていきました。地元の大学生たちと一緒に、近所の子どもたちと宿題を一緒にする宿題クラブを立ち上げたこと。同じスラムに住むクリスチャンの人たちと、病気の人を訪問して祈ること。それは小さなことかもしれませんが、でも私にはイエスと生きる毎日でした。

サーバンツでは、action ＝行動と contemplation ＝黙想を、両方大切にしています。行動だけでは燃え尽きてしまうので、深く神と交わることが必要です。その黙想の中で、自分の本当の姿に出会っていき、そこから、言葉だけの愛ではなく、行動を伴った愛へと促されていくのです。今このアジアで最も富んでいる国の一つである日本。そして、イエスに従っていこうとする私たちが、貧しい人たちとともに歩み、愛されている者として、自分ができることを模索していくことができますようにと、祈ります。そして私たちがともに歩もうとするとき、そこにイエスが必ずともにいてくれるのです。

■全体会議Ⅳ　証し

彼らこそ未来

ＫＧＫキリスト者学生会　関西地区責任主事　池淵亮介

私は、中学生のときに信仰をもち、教会の中高生会でその信仰は育てられました。私は、あまりにもやさしい教会のお兄さん方に面倒を見てもらっていましたので、それに甘えて、どこか私の信仰は生意気であったと思います。

「若者は、日本の教会の未来だ」

どこからか耳に入ってきたこの言葉が、いつのまにか私のお気に入りで、

「若者＝私」

いつしか、この言葉は、「若者である私は、教会の未来だ」と思うように、私の頭の中で変換されるという、とんでもない勘違いをしていた中学生でありました。

しかし、もっと驚くべきことは、私のような信仰をもって間もない生意気な若者を、忍耐と寛容さ、そして、喜びをもって受け入れてくださった方々、「そうや、お前こそ、日本の教会の未来や！」と、真剣に信じて、私のために祈ってくださった方々が、私の身の回りにたくさんいたということでした。二〇一六年一月に天に召されましたが、私の母教会の先生も、そのような方でありました。

私の信仰は、間違いなくそのような「大人」の方々によって、祈られ、支えられ、育てられてきたもの

であると言えます。賛美集会や路傍伝道、スポーツ伝道にキャラバン伝道と、あらゆることに首を突っ込んだ青年時代でした。ちりちりパーマのサーファースタイルであった大学生時代、品性を磨くことよりも、いかにやんちゃし、おふざけをして、同世代のクリスチャン仲間をいかに笑わせるかばかりを考えていたこともありました。

私の恥ずかしい青年期を振り返ってみて思うのですが、今、このような学生伝道を担う主事という立場となった身としましては、そんな大いなる勘違いや、根拠のない自信をもった若者は、いわゆる手のかかる「困ったちゃん」でありまして、主事としましては、特別・個別・警戒態勢をとらざるを得ない、要注意人物、いわばＶＩＰであります。

しかし、かつてそのような者であった私を、忍耐をもって受け入れてくださり、「そうや、お前こそ、日本の教会の未来や！」と、真剣に信じ、祈ってくださった方々によって支えられ、今の私があると思っています。

私が高校生のときでした。クリスチャンアーティストの岩渕まことさんが神戸のある教会でコンサートをするというので、その集会に足を運びました。そして、その集会が終わったときでした。ひとりの知り合いのクリスチャンのお姉さんが私に近寄ってきて、その頃、ギターを覚え始め、熱中していた私に、こう、その方は声をかけてくれました。

「ぶっち、あなたも、きっと、いつか、岩渕まことさんのようになれる!!　だから、ギター頑張りぃ！」

と、その方は、私に声をかけてくれました。

私は、そのお姉さんの言葉を、今でもよく覚えています。なぜなら、その理由の一つは、「そんなわけ、ないやん」と、思ったからです。岩渕まことさん、あちらはプロのアーティスト。一方、この私は、ギターを弾き始めて、まだせいぜい一年程度です。「そんなわけ、ないやん」と、思ったのです。

しかし、私が、そのお姉さんの言葉を今でもよく覚えている理由のもうひとつのことは、「そんなわけ、ないやん」と、内心思いながらも、「ぶっちならできる！」と、冗談ではなく真顔で言い、こんな私を励ましてくれた、その方の思いがとても嬉しかったからでした。

現在、私はＫＧＫ主事として立たせていただいているわけですが、そんな私が、日々働きにあたる中で、主事として学生に向きあいながら、それでも、私はこう確信をもって言えます。


「彼らこそ、教会の未来である」と。


かつては、「この私こそ」などと、とんでもない勘違いをしていた私ではありましたが、そんな私も、まだなお「彼らこそ、未来だ」とは、声を大にして言えるのです。

若者は、いつの時代も未熟で生意気かもしれません。そうかと思えば、その一方で、彼らのセルフイメージは揺れ動き、自信なく、頼りなく見える存在です。

しかし、彼らが、いったん神さまの愛にふれるとき、彼らは、喜びに満たされて賛美します。彼らの心がみことばに導かれるとき、彼らは、涙を流して悔い改めます。みことばが彼らの人生に応答を迫るとき、彼らは、自らの人生をまさにすべてを捨てる覚悟でイエスさまの弟子としてささげようとするのです。

私は、そんな彼らの傍らに寄らせていただきながら、「今、私は、なんときよい神さまの取り扱いの現場に立ち合わせていただいているのだろうか」と思う体験をすることが度々あります。その度に、この働きは主の働きであるということを再認識させられ、未成熟な若者である「彼ら」の「今」と「未来」のために、この何者でもない者がそばに置かれているだけなのだ、と思わされるのです。

「そうや、お前こそ、日本の教会の未来や！」と、真剣に信じ、祈ってくださった方々によって今の私があります。そして、今、私は「そうや、あなたたちこそ、日本の教会の未来や！」と、真剣に信じ、彼らの傍らに寄り添い祈る者として召されています。

「次の世代」「次の次の世代」の「彼ら」の未来のために、その可能性のために、私たちに今、何ができ、何を残していけるのかを問いながら、またこの場所から遣わされていきたいと願っています。

最後に伝道者の書11章1節をお読みします。

あなたのパンを水の上に投げよ。
ずっと後の日になって、
あなたはそれを見いだそう。

プロジェクト

福音

P1　聖書信仰の成熟を求めて

世界

P2　日本社会と宣教：
地域に開かれた教会に向けて

P3　教会と「国家」－戦後70年に際して、キリストの平和をつくり出す者となるために

P4　持続可能な社会の構築

P5　災害対応を通して仕える教会

P6　ファミリーミニストリー

P7　ディアスポラ宣教協力

可能性

P8　ビジネス宣教協力の次世代構想

P9　教会開拓、教会増殖

P10 痛みを担い合う教会

P11 青年宣教

P12 子ども

総合

P13 日本宣教170➤200＊

P14 宣教協力とそのインフラ造り

P15 教会の誠実さへの変革

＊P13の働きはP14の取り組みとしてスタートしたJEA宣教委員会・宣教研究部門に引き継がれている。なお今回の同プロジェクトの報告は『データブック 日本宣教のこれからが見えてくる ― キリスト教の30年後を読む』に収録。

プロジェクト1　聖書信仰の成熟を求めて〈リーダー・関野祐二〉

■目的

福音派において「福音」および「福音のもたらすもの」を明確にする際、たいせつなのは聖書信仰の深化である。昨今の福音主義神学界において進められている、聖書信仰の成熟を目指した歴史的検証、新たな取り組み、諸教会を取り巻く今日的課題を踏まえ、危機の時代にあって福音派諸教会が一致して前進するべく、確かな「聖書信仰」と真の「福音理解」を再構築する。広がりと多様性を見せつつある「聖書信仰」の課題と可能性を追い求めていくためのわざとして取り組む。

■JCE6ワークショップ概要

聖書信仰に関し、今日の福音派で課題とされている以下の八項目（問題意識を共有できるキーとなるような神学課題）について、JCE6前にプロジェクト参加者用ディスカッション資料を担当者から流し、参加者が準備をした上で、JCE6当日のワークショップでは関心のある項目に分かれてコイノニアを行った。担当者が短く解説をした上で八項目の神学テーマを自由にディスカッションし、出された意見を集約した。項目と担当者、および内容は以下の通りである（かっこ内は関連する神学分野）。

①聖書信仰と聖書の霊感……鞭木由行〔**聖書神学**〕

福音主義にとって聖書信仰は要である。聖書信仰に関して今日多様な意見があることを確認した上で、その鍵を握るのは聖書の霊感をどう考えるかであり、その結果として聖書の無謬性、無誤性を考えた。

②聖書信仰とNPP（New Perspectives on Paul）……蔦田崇志〔聖書神学〕

NPPは第二神殿時代のユダヤ教・ユダヤ主義理解に画期的な光を投じ、それに伴ってユダヤ人であった使徒パウロ理解に多大な影響を及ぼした。ワークショップではJ・D・G・ダンの議論を吟味して、今日の聖書理解や教理に、また教会の講壇、牧会の方策、伝道・宣教の働きにどのように関わるのか、多岐にわたる議論が展開した。

③聖書信仰と日本的キリスト教……山口陽一〔歴史神学〕

戦時中の「皇国の道に従って」神社参拝をすることをよしとした日本的キリスト教。戦後の聖書信仰は、自由主義に対して主張されただけでなく、日本的キリスト教に対する悔い改めでもあった。これを戦前回帰に傾斜する今日の日本の課題として考えた。

④聖書信仰と物語神学&オープン神論……関野祐二〔組織神学〕

聖書信仰や福音理解との関連から議論が高まりつつある、聖書の贖罪史をあるがままに捉えた物語神学（Narrative Theology）と、神の物語に協働参与する人間の自由意志を尊重するオープン神論（Open Theism）を検討し、課題や可能性を探った。なお、ディスカッションでは大頭眞一氏（日本イエス・キリスト教団明野キリスト教会牧師）のご協力をいただいた。

⑤聖書信仰と科学……関野祐二〔組織神学〕

創世記1～3章の解釈と関係し、創造論と進化論の問題、聖書の無誤性理解や救済論、終末論との関連もあり、従来は対立構造に捉えがちだった聖書と科学（技術）の問題を、地の管理責任を果たすため再検討し、聖書信仰に立った自然科学観を模索した。

⑥聖書信仰とLGBT（性的少数者）……斉藤善樹〔実践神学〕

社会は、性的少数者の人権擁護に向けて大きな流れの中にある。キリスト者も、すべての人が敬われ重んじられることを心から願う。聖書信仰に立ちつつ性的指向の多様性をどう受け止め、互いに愛し仕える共同体の中に位置づけるかが課題である。

⑦聖書信仰と説教……山口陽一〔実践神学〕

明治以来、新しい宣教地としての日本においては主題説教が主流であった。戦後、神学教育の充実や戦時下の説教のあり方への反省、そして聖書信仰によって、連続講解説教がポピュラーになった。今日の聖書信仰と説教のあり方を考えた。

⑧聖書信仰とＩＴ（情報技術）……能城一郎〔実践神学〕

ＩＴ（ビッグデータ、人工知能を含む）は、果たして聖書信仰の成熟に貢献できるのか。ＪＣＥ４（二〇〇〇年・沖縄）、ＪＣＥ５（二〇〇九年・札幌）、ＪＣＥ６（二〇一六年・神戸）までをまとめ、その有効活用法や将来予測について、ワークショップで意見交換を行い、ＪＣＥ７への道を備えた。

■ＪＣＥ７（二〇二三年）までの計画

これまで、ＪＥＡ神学委員会は理事会からの要請に基づき、その時々における神学トピックを研究し、成果を諸教会へ還元するため、定期的なブックレット刊行という形でそれを表してきた。具体的には、No.1『今日における聖霊の働きと日本の宣教――力の伝道に関する見解』（一九九四）、No.2『救済の神学――教会とキリスト者の社会的責任について』（一九九七）、No.3『聖書は輸血を禁じていない』（一九九八）、No.4『教会と国家』（二〇〇四）、No.5『教会の一致と一体性――福音派と公同の教会』（二〇〇五）、No.6『原理主義』（二〇〇六）、No.7『原発と私たちの責任――福音主義の立場から』（二〇一二）である（かっこ内は刊行年）。

今回はＪＣＥ６に向け、プロジェクトメンバー（ＪＥＡ神学委員）各々が、聖書神学・歴史神学・組織神学・実践神学の各専門分野において、「聖書信仰の成熟」に関わる研究を進め、年数回の神学委員会ミーティングや合宿において発表とディスカッションをし、相互研鑽によってそれを深め、ワークショップに備えてきた。ＪＣＥ６終了後、ワークショップ・コイノニアにおける八項目ごとの意見交換を踏まえ、ブックレットに掲載する論考を担当者がまとめ、二〇一七年六月に、No.8となる日本福音同盟神学委員会編『聖書信仰の成熟をめざして』（いのちのことば社、全一三三頁）を刊行した。ここには、「聖書信仰と説教」を除く七項目について、各担当者の解説が収録されている。

本プロジェクトでは、今後このブックレットを諸教会に普及させ、信徒が「聖書信仰」をより深くバランス良く理解して、福音とは何かをつかみ、福音に生き、ホリスティックな宣教に携わることができるよう促す。またこのブックレットを用いて福音派諸教会や諸団体における学び会をリードし、講師を派遣することで成熟した聖書信仰を浸透させる。さらに、新しいプロジェクトメンバーへと働きを引き継ぎつつ聖書信仰にかかわる神学研究を継続し、新たな項目や分野をも視野に入れながらＪＣＥ７を目指す。

■プロジェクトメンバー
○ＪＣＥ６まで
関野祐二（リーダー）、斉藤善樹、蔦田崇志、ドナルド・シェーファー、能城一郎、鞭木由行、山口陽一
佐々木望（ファシリテーター）
○ＪＣＥ７に向かって
能城一郎（リーダー）、青木義紀、篠原基章、千代崎備道、ドナルド・シェーファー、三浦譲、宮崎聖輝、吉川直美
油井義昭（ファシリテーター）

プロジェクト2　日本社会と教会―地域に開かれた教会に向けて（リーダー・西岡義行）

■目的

日本の教会、特に福音派の教会は、社会や地域から孤立していると指摘されてはいるが、改善されない内的課題を抱えている。しかも、教会の変革よりも教会の維持存続に意識が奪われ、自己改革への力もない現実が広がっている。そうした現実から脱却するためには、神学的議論だけでは不十分である。今回のプロジェクトでは、こうした課題と向き合い、地域に開かれた教会となる、実際の取り組みから学び、実践の中から浮かび上がってくることごとに目を向けていく。

■JCE6ワークショップ概要

◇ケースから学ぶ

伝道会議の中では、まず、渡辺聡氏（東京バプテスト教会牧師、青山学院大学講師）が宗教社会学の視点から、教会と地域とがどのように関連するかRe-VISIONできるよう視座を提供し、福音に生きる者たちが信仰を具体的な行動に移していくことの重要性が述べられた。その中で、社会に向けて、キリストを信じる共同体だからこそ提示できる新たなあり方を、その存在を通じて提示することの重要性が語られた。

次に、横山聖司氏（基督聖協団目黒教会牧師）が高齢者向けカフェ「コーヒーなかま」の発足にいたる具体的な証しを映像を交えて紹介した。民生委員や町内会長として地域に仕えていた中で、高齢者の孤独死が発見され、大きなショックを受けたことから、一歩を踏み出したと語った。具体的には、月一度二百五十円のランチを提供し、語り合う場、お互いの絆を築き、そして短く聖書の話も交える。社会的関係性が希薄化し孤立していく高齢者の現実に寄り添うこうした働きを通じて、地域と教会との垣根を低くするのみならず、教会やキリスト者の存在が、現代社会に生きる人々への祝福となっていく。地域の方々と共に人々の必要に応えていく教会の具体的な実践から学んだ。

さらに、井上貴詞氏（東京基督教大学准教授、介護福祉士、社会福祉士、主任介護支援専門員、土浦めぐみ教会会員）が施設や教会での具体的な経験や大学での研究から、地域に開かれた教会をさまざまなタイプに分けて紹介しつつ、超高齢社会で、教会も高齢化するなかで、殻を破る教会の可能性を整理して提示した。

◇宣教学的チャレンジ

後半では、宣教学的視座が西岡義行氏（東京ミッション研究所総主事、東京聖書学院教授）によって紹介され、福音派の教会がなぜ閉鎖的になってしまったのか、その歴史と宣教の神学の問題を指摘した。その上で、ローザンヌ会議で包括的な福音の重要性を訴えながらも行動が伴わない現実を指摘した。そして、こうした反省に立った上で取り組んでいる「がん哲学外来」のメディカルカフェの取り組みを紹介した。

小グループでの分かち合いの後、犬塚契氏（日本バプテスト連盟ふじみキリスト教会牧師）が、シャローム子どもの家の働きと生きづらさを抱えている方々の共同生活の場を提供する「南カナンハウス」の働きを紹介した。その中で、長い間祈り備えてきたとしても、地域に教会を開く上でのさまざまな葛藤を正直に証しされ、踏み出すことの大切さと困難さが語られ、同時にその祝福が証しされた。

◇総　括

伝道会議では、小グループでの分かち合いの中から出された現場の声と実践者との対話の中で、今私たちが何を社会から問われているのかに目を向けた。そして、教会成長と教会存続の安定のために福音を伝えるといった、自己実現型の伝道は、イエスの時代のユダヤ教と同じ問題であるとして、悔い改めが求められると主張された。福音が委ねられてそれぞれの地域に神から派遣されているという、教会の使命の重さを再確認し、そのために、具体的な行動を起こす時が来ているのではないだろうか。

■JCE7（二〇二三年）までの計画

現段階では、東京ミッション研究所の冬季フォーラム（二〇一七年二月下旬）での二人の発表や、井上氏によるクリスチャン新聞での連載によって、継続的にこの課題へのチャレンジがなされている。今後、地域への取り組みをしている教会を可能な限りリストアップし、ネットワークを形成し、近隣の教会で、同様の地域への取り組みをともに考え、紹介するシンポジウムやカフェなどを企画していければと考えている。

■プロジェクトメンバー

○JCE6まで
西岡義行（リーダー）、犬塚契、井上貴詞、横山聖司、渡辺聡
佐々木望（ファシリテーター）
○JCE7に向かって
西岡義行（リーダー）、犬塚契、井上貴詞、横山聖司、渡辺聡
油井義昭（ファシリテーター）

プロジェクト3　教会と「国家」―戦後70年に際して、キリストの平和をつくり出す者となるために（リーダー・柴田智悦）

■目的

敗戦後七十年を経た日本の教会が、キリストの平和をつくり出す者となるため、エペソ人への手紙2章14～22節のキリストによる平和をこの時代の中で実践することを目的とする。私たちは、二〇一五年のＪＥＡ総会で「戦後70年にあたってのＪＥＡ声明」を決議した。そこに「福音派キリスト教会が結集した原点には」「聖書の規範性と基本教理をないがしろにする自由主義神学との対峙」と「戦時下でイエス・キリストだけを主とする信仰告白を弾圧した天皇制・国家神道体制を標榜するナショナリズムとの対峙」という「二つの軸がありました」とある。教会と「国家」プロジェクトでは、ナショナリズムと対峙し、私たちが「地の塩」であり続けるために、今、何をすべきかを考え、キリストの平和をこの国につくり出すための実践の広がりを願っている。

■ＪＣＥ6ワークショップ概要

ワークショップでの発題内容は次の通りである。

①聖書神学的な視点から：須田毅牧師「教会と国家の関係について――ローマ13章1～7節について近年の注解書および説教集から」

②組織神学的な視点から：瀧浦滋牧師「聖書のキリスト王権の教えと日本の社会と政治への適用」
③歴史神学的な視点から：星出卓也牧師「宗教改革と抵抗権」
④実践神学的な視点から：奥野泰孝兄弟「なぜ『君が代』を歌えないのか・立てないのか」

その後、コイノニアでの分かち合いと質疑応答があった。以前は、「社会委員会の見解」が自他ともに認識され、社会委員会による呼びかけや集会に参加・応答する兄姉は、その見解をともにする方々がほとんどであった。しかし近年、多様な意見が、率直な形で明らかにされ、このワークショップでもむしろ従来の見解と反対の立場の意見も複数出された。前日の分科会ディベート（ディベートとして対話を学ぶことの強調あり）の参加者が多かったので、隔たりの大きい意見の間にも、対話が生まれたことは意義あることだった。「ＪＥＡ社会委員会としての提言が欲しい」という声も大きかった。例年の伝道会議になされた宣言作成はなかったが、福音派キリスト教会の現状における見解の幅の広がりを、このような場で明確に確認したという意味で、当ワークショップの意義も大きい。

信徒の方々から、「私の生活する地域にも、神戸アナロギアのようなものが作れないだろうか」という積極的な意見があった。近隣地域が、そのような願いにどのような協力ができるか、などが話題になった。人的な応援の可能性や、経済的な課題など、具体的な話ができたことは、「各地区アナロギア」がさらに生まれる可能性を大いに期待させるものだった。

■ＪＣＥ７（二〇二三年）までの計画

教会と「国家」の問題は、ＪＥＡ社会委員会として常に継続して行っている。教会の中にさまざまな意見があり、それらを取り入れながら主の御心の実現のために何ができるかを継続的に探っていきたい。まずは、ＪＣＥ６を機会に立ち上がった神戸アナロギア社会委員会と連携し、話し合いやセミナーの機会を少なくとも年に一度は設け、ＪＣＥ７開催地およびそれ以外の地域のアナロギア社会委員会の立ち上げに寄与したい。そのために、社会委員会が行ってきた学びの分かち合い、集会の企画協力、テキストの提供など、できることを協力していく。

また、ＪＥＡ社会委員数名が任期満了のため代わる。今後の働きの継続を考えると、若い世代に入っていただく必要がある。しかし、特殊な分野であるため、人材の発掘は容易ではない。これまでの集会等に協力してくださった先生方を中心に、今後も協力体制をとりつつ、社会委員会への参加を促していきたい。

■プロジェクトメンバー

〇ＪＣＥ６まで

柴田智悦（リーダー）、上中栄、須田毅、星出卓也、渡部敬直

中谷美津雄（ファシリテーター）

〇ＪＣＥ７に向かって

柴田智悦（リーダー）、上中栄、小岩井信、須田毅

星出卓也（ファシリテーター）

プロジェクト4　持続可能な社会の構築（リーダー・住田裕）

■目的

現代社会における大量生産、大量消費、大量廃棄に基づく人の生き方は限界になり、地球環境問題、循環できない廃棄物、飢餓と貧困、人口問題、人間性の喪失等、深刻な事態を引き起こし、人と被造物の生存基盤そのものを損なっている。この事実をわかりやすく示し、聖書に基づく人のライフスタイル、持続可能な社会の構築を明らかにし、具体的にキリスト者として生き、証し、福音宣教に寄与することを目的としている。

■JCE6ワークショップ概要

第6回日本伝道会議では、講演Ⅰ「持続可能な社会の構築」、講演Ⅱ「自然教室の実際と可能性」を行い、これに基づいてグループディスカッションで話し合った。その後、活動母体として、「福音に生きる持続可能な社会」をめざすコンソーシアム（連合協同体）の発足についての主旨を趣意書で説明し、当面の事業の概要についての展望を説明した。

■JCE7（二〇二三年）までの計画

◇当面の目標

①現代社会で生きることについて、聖書的理解を再構築する。特に、キリスト教倫理を明確にする。

②聖書に基づく持続可能な社会について、具体的な取り組みを行う。
・聖書に基づくライフスタイルを提案し、ネットワーク化を図る。例えば、地方教会を中心とし、一次産業（農業、漁業、林業等）の生産物を都市の教会の需要とマッチングし、関係づける。
・地方教会の出身者を都市教会が受け入れた場合、その恩恵の一部を継続的に地方教会に還元する。
・若者、職を失った人等を教会間、地域間で関連付け、相互に担い合う。
・知識労働者が職業を通じて身に付けた専門的な「スキル」と、自らの「時間」を提供して社会貢献を行う新しい形のボランティアとしての「プロボノ」の活動をキリスト者として推進する。
・社会の状況に疑問を感じたとき、政府や民間企業に任せるのではなく自ら解決に乗り出す「ソーシャル・アントレプレナー」の働きをキリスト者として推進する。既存のシステム自体をキリスト教会が関連し、教派を超え活動を広げる。
③情報発信、情報傾聴を行う。
ホームページ、機関誌を作成し、成果について公表し、社会に啓発する。さまざまな意見について傾聴し、検討し、この結果を表明する。定期的にフォーラムを開催する。
④推進体制、推進主体を構築する。
母体となる「福音に生きる持続可能な社会」をめざすコンソーシアム（連合協同体）を立ち上げ、事務局を作る。

◇第６回伝道会議後の主な活動実績

①二か月に一回定例会を開き、事業の展開を進めている。
②二〇一六年十二月十日「福音に生きる持続可能な社会」をめざす環境コンソーシアム（連合協

同体）を発足した。
③ホームページ（http://creationcare.strikingly.com/）を発足させ、情報発信をしている。
④無農薬、有機肥料を用いた持続可能な農業と農作物の提供の実践を試行している。
⑤環境セミナー、寒さ体験、聖書に基づいた有機野菜の育成（エデンの園）等の学習会を行っている

◇今後の予定
①持続可能な社会の構築に関わる講演会（二〇一七年十月十四日、パプア・ニューギニアでの生活）
②環境（持続可能な社会の構築）に関わる勉強会を提供する。
③ＬＷＣＣＮ東アジア会議（The Lausanne/WEA Asian Consultative Conference）との連携を試みる。

■プロジェクトメンバー
○ＪＣＥ６まで
住田裕（リーダー）、小川真、立石翼、永沼猛志、吉永真
中谷美津雄（ファシリテーター）
○ＪＣＥ７に向かって
住田裕（リーダー）、小川真、永沼猛志、吉永真
星出卓也（ファシリテータ）

プロジェクト5　災害対応を通して仕える教会（リーダー・松本順）

■目的

私たちはこれまでに阪神淡路大震災、東日本大震災、熊本地震等の甚大な災害をはじめ局地的な大小の災害を経験してきた。その中で私たち教会がどのように災害対応を通して地域に、被災者に仕えることができただろうか。試行錯誤の中からも目が開かれ多くの教訓を得てきた。教会がキリストのからだとして愛のわざを現し仕えるために今求められていることは、まず第一に各教会が災害支援を愛の奉仕のわざとして受けとめ仕えるようになること、第二に災害時にキリストの愛のわざを行う災害対応チャプレンが各教会に養成されること、第三にキリストのからだとして協力して奉仕を行う災害対応教会ネットワークを構築することである。日本全国の教会が災害対応を通して仕える教会、キリストの愛を世に現す教会となることがこのプロジェクトの目的である。

■JCE6ワークショップ概要

1　災害支援の必要性

阪神淡路大震災の被災地である神戸において、災害経験を通しての証しを聞き、災害支援の必要性を理解し、参加者がそれぞれの教会の奉仕のわざとして受けとめた。阪神淡路大震災で被災し、支援の働きを担われた坊向輝国師と子安敏夫師に貴重な体験の証しを聞いた。

2　災害対応チャプレン

災害対応チャプレンとは、災害時に、心のケア、スピリチュアルケアを被災者および支援者に提供する、災害に特化したチャプレンを指している。東日本大震災を機に、その働きと理念が米国救世軍から導入され、日本でも救世軍が中心となって、災害対応チャプレン養成プログラムが始まった。災害時の緊急支援から長期的な支援活動にかけて、心のケアとスピリチュアルケアは被災者、支援者の両者に大きな必要がある。災害対応チャプレンはその支援者をケアしつつ、さらに支援者に被災者の心のケア訓練も行う。具体的にどのような働きをするのか、またその中心的使命は何かを紹介する。

具体的な働きとしては、①存在を通して仕えること、②安全と安心をもたらすこと、③アセスメントとトリアージを行うこと、④危機介入をすること、⑤教育をすること、⑥傾聴すること、⑦希望をもたらすこと、⑧燃え尽きることなく長期的支援を行うこと、以上の八項目に分類することができる。災害対応チャプレンの働きの範囲としては、被災者のケア、支援者のケア、支援者に対する被災者ケアの訓練がある。心のケアの本質とは「その人の側に本当にいること（寄り添うこと）、不安のない、安心した気持ちを持って他の人と完全にともにいることであり、人々との交わり、つまりお互いにつながることによって、『神が私たちとともにいる』ことを示すこと。なぜなら人々は危機の中で傷ついているとき、彼らは安心と慰めを与えてくれる他者の存在を切望するからです」（ケビン・エラーズ）。一言でいうと、私という存在を通して　相手を主イエス・キリストにつなげることである。

3　災害対応教会ネットワーク

教会はそれぞれの地に主の愛のわざを現すために建てられている。しかし、残念ながら教会は地域に対してあまりにも小さく何もなし得ない現実がある。一つの教会でできることは極めて限られてしまう。だからこそ主にある教会がともに手を携えてネットワークを作るのである。一つの教会ではできないことが、協力することでできるのだ。災害が起こる前に、教会ネットワークが生まれ、その交わりがあれば、災害時に大きなキリストの愛の働きを地域に現すことができるだろう。日本全国、各地域に災害に備えて教会ネットワークが必要なのである。

地域教会ネットワークの働きは、①協力・共助　②窓口・受け皿　③地域への支援である。

二〇一六年の熊本地震に対応して建て上げられた教会ネットワークは九州キリスト災害支援センターである。地震発生直後から今に至るまで効果的な支援の働きと協力がなされている。近いうちに発生すると予測されている首都直下型地震に対応して、事前に建て上げられている教会ネットワークが首都圏災害対応教会ネットワークである。新宿大久保通り教会防災ネットワークでは積極的な防災活動、震災に備えた活動がなされている。

■JCE7（二〇二三年）までの計画

毎年、災害対応チャプレンを養成する研修会を開催し、全国、全県に教会ネットワークを作る。

■プロジェクトメンバー

○JCE6まで
松本順（リーダー）、岩上敬人、郷津裕、村上正道
大井満（ファシリテーター）

○JCE7に向かって
村上正道（リーダー）、郷津裕、蔦田直毅
船田献一（ファシリテーター）

プロジェクト6　ファミリーミニストリー（リーダー・梅田登志枝）

■目的

家族、家庭は安心と安らぎを与える居場所でありながら、絶えず変化にさらされている。ライフステージによる変化に加え、戦後七十二年の揺れ動く時代の中で、家族の在り方も変化してきている。家族問題は日本だけでなく、今や、世界全体で取り組む課題となっていると言えるであろう。そこで、プロジェクトでは教会が時代とともに変化する「家族」への取り組みを実践するための、啓発活動、情報提供、協力体制作りを行う。

目的は、教会が「神の家族」であることを再認識し、多様な価値観の中で崩壊している家庭、社会に祝福を分かち合う存在となること。また、家族の問題で現実に痛み悩む隣人に、寄り添い、それを宣教の糸口とすること。そしてこのプロジェクトに参加して、小さな何かを個人、グループ、教会で始めることである。

■JCE6ワークショップ概要

ワークショップでは、この目的に向かって、ライフステージにおける結婚、夫婦、子育て、高齢者の四つの領域に焦点を絞って扱った。各領域の、時代と教会の現状理解、問題提起、またそれらに取り組む教会やキリスト教団体の実例や関連プログラムを、担当の方々を迎えて紹介していただいた。

①クリスチャンホーム建設のために

聖書の結婚観に基づくクリスチャンホームの形成は、教会の建て上げや信仰継承という神の祝福をもたらすものである。日本イエス・キリスト教団の長谷川宣恵牧師は兵庫教区、結婚委員会での五十年にわたる取り組みを紹介。また、キリスト者学生会（ＫＧＫ）の矢島志郎副総主事はＫＧＫでの結婚への取り組みについて紹介。学生時代から聖書的結婚観を学ぶことが大切であると語った。

②夫婦のために

家庭崩壊を防ぎ、乗り越え、祝福された家庭生活の助けとなる方法を提供するために、プリペアー・エンリッチ日本代表の西岡まり子牧師は結婚カウンセリングプログラムを通して二人の関係の克服方法を提供できることを紹介。ジョナサン・ベネディクト宣教師はファミリーフォーラムジャパンの夫婦のための書籍やセミナー、ラジオ番組を紹介した。

③親子（子育て）のために

子育てをする母親たちを援助し、安心して子どもを連れて行ける場所を提供したいと始まったのが「子育てひろば♡ラブベアーズ」である（日本イエス・キリスト教団明石人丸教会、加藤順子牧師）。また部活動などで教会から離れがちな中高生たちに交わりの場として自宅を開放している働きも紹介した。これは超教派での活動であることが特徴と言える（「ユースの集い」日本フリーメソジスト神戸ひよどり台教会、駒井ひとみ氏）。

④高齢者のために

この課題に四十年近く前に取り組み始めた教会がある。クライストコミュニティー武庫之荘チャペル「のぞみ会」（大橋謙一牧師）である。月一回の高齢者の交わりの場は信徒が主体となって提供し続けてきた働きである。また牧師夫人たちとクリスチャン看護師の祈りから始まった高齢者生活支援事業「みそのホーム」（柄光子代表）を紹介。設立の目的はクリスチャン高齢者が信仰を持って最後の時までを安心して生活できるホームを作りたいとの願いであった。

このワークショップでは、四つのどの領域も「隣人のために私を用いてください」という一人の志が、やがて祈りの輪となり、教会の働きとして位置づけられていった過程を知ることができた。

■ＪＣＥ７（二〇二三年）までの計画

プロジェクト継続のために、ホームページを立ち上げ、ネットワークのための情報交換の場とし、パラチャーチの働きとの協力体制も目指している。また女性委員会主催の「心のオアシスリトリート」の分科会を活用し情報交換の場としたい。ＪＣＥ６において持つことができた、神戸アナロギア女性委員会との連携と協力体制をさらに強め、他の地域の女性委員会へと拡大する。さらに男女を問わず、幅広い世代や立場、また専門家の視点に立つチームとしての体制作りを目指し、二〇二三年につなげたい。

■プロジェクトメンバー

○ＪＣＥ６まで

梅田登志枝（リーダー）、阿部恵子、蔦田由理、藤田真木子、丸山園子、三橋香代子

金本悟（ファシリテーター）

○ＪＣＥ７に向かって

藤田真木子（リーダー）、蔦田由理、宗形友子、矢島依枝

大嶋博道（ファシリテーター）

プロジェクト7　ディアスポラ宣教協力（リーダー・内村伸之）

■目的

ディアスポラ（diaspora）とは狭義では離散のユダヤ人を指す。故郷を出て離散状態で住む民族や共同体のことを指すことも、今日は一般的に見られる。二〇一〇年の第3回ローザンヌ世界宣教会議（通称「ケープタウン会議」）では「何らかの理由で生まれた土地ではないところに移住した人」と定義された。本プロジェクトではこの定義に則り、またピープル・オン・ザ・ムーブ（移動する人々）という表現も同様の意味で用いることにする。

本プロジェクトでは以下の三点を目的とする。

①日本における「ディアスポラ宣教」について認知度を広めること
②神学的・宣教学的理解を深め協力者のネットワークを構築し、リーダーを養成すること
③日本の教会による宣教に貢献すること

1　ディアスポラの現状とその宣教的な意義

今日、日本国内に在住している外国人は二六八万八二八八人に到達している。また海外に三か月以上滞在している日本人は一三一万七〇七八人である。世界全体では、現在自分の生まれた国以外の場所で生活している人々が、世界の人口の三分の一近くにあたる二四億四千万人以上いると推計されている。こうした自発的あるいは非自発的な人々の移動は（そうした移動にまつわる悪や苦しみの現実から目をそらさないこ

とも覚えつつ）福音宣教の前進において重要な意義を持っていると私たちは考える。

2　ディアスポラ宣教の三側面

ディアスポラ宣教には大きく分けて左記の三つの側面がある。

①「ディアスポラに対する宣教」

②「ディアスポラによる宣教」

③「ディアスポラの人々の周囲への宣教」

3　戦後の福音派におけるこれまでの取り組みを振り返る

二〇〇〇年の第4回日本伝道会議では初めてディアスポラ宣教のワークショップが行われた。二〇〇九年の第5回日本伝道会議でもプロジェクトとして取り上げられ、ここでは特に『海外在住邦人』への宣教と『帰国者』へのフォローアップに主眼が置かれた。そして二〇一〇年の第3回ローザンヌ世界宣教会議以降、グローバル・ディアスポラ・ネットワークが形成され、その成果を日本宣教にもフィードバックし、ディアスポラ宣教の裾野と視野を広げようという取り組みもなされてきた。しかし、このさまざまな働きを概括するディアスポラ宣教という概念は、日本に紹介されるようになってからまだ日が浅く、課題意識が共有されていない。今後は、より一層の教会における理解の広がりと深まりが求められている。

■ＪＣＥ6ワークショップ概要

ワークショップにおいては、最初の講演で現状把握の共有をはかり、その後「地域別」タイムを持ち、その中で活動案を考えてもらい、発表し合うディスカッションタイムをもつことができた。そのなかで、特に次のことが確認された。福音を伝えるべき在外邦人の数は右肩上がりに増えている。

①日本からみると、国外在住者には何か華やかなイメージがあるが、実態としては当初の志に敗れたり、何らかのトラブルをきっかけに心を病む人も多く、そこで人生の意味を問い直したり、欧州の思想基盤となった聖書について学びたいという思いの人々が数多くいる。その人々へくまなくリーチするための宣教協力が求められる。

②福音を伝え、羊を養うリーダーの育成が急務

国外在住一三〇万人の邦人にくまなく福音を伝え、牧会することは現状の体制では困難を極めている。イエスさまが弟子たちに祈るように言われた次のことばを胸に刻み祈る時をもった。

「収穫は多いが、働き手が少ない。だから、収穫の主に、収穫のために働き手を送ってくださるように祈りなさい。」（マタイ9・37、38）

■JCE7（二〇二三年）までの計画

ワークショップ参加者のメーリングリスト作成し、会員制FBページを発足させます。このようなコミュニケーションツールを用いて、全世界と各地域での活動の「見える化」をはかり連携を深めていきます。

■プロジェクトメンバー

○JCE6まで

内村伸之（リーダー）、岡田千尋、鎌田泰行

中西雅裕（ファシリテーター）

○JCE7に向かって

同右

プロジェクト８　ビジネス宣教協力の次世代構想（リーダー・青木勝）

■目的

「未来二〇二〇／二〇三〇／二〇五〇をめざし、多文化共生社会における共存・協働により、社会変革・未来貢献を担う次世代グローバル人材・交流型イノベータを支える宣教協力」で、基調聖句は、ローマ8章17〜24節、ピリピ3章16〜21節、コロサイ1章24〜29節である。

■ＪＣＥ６ワークショップ概要

歴史観と世界潮流をふまえた課題と成果目標

・戦後二十年、経済成長と東京オリンピックを経て、ローマクラブによる「成長の限界」（一九七二）や中国国交正常化（一九七二）、そして石油ショック（一九七三）を経験した後、一九七四年にローザンヌ世界宣教会議第1回と日本伝道会議第1回が開催された。両会議では、「社会変革・未来貢献を支えるビジネス宣教協力」Business As Mission が推進され、翌年一九七五年にサミットが開始され、アジェンダ二〇三〇につながるビジネス宣教協力が取り組まれた。

・「ビジネス宣教協力を支えるディアスポラ宣教協力」は、「日本からアジア・世界へ」と「世界からアジア・日本へ」の双方向アプローチとグローカル化の推進により、市場や難局を切り拓く持続可能なディアスポラ宣教協力が拡大され、絆が深められてきた。

・「世の中から求められているもの、世の中に役立つものは何か、一方、主に喜ばれ人に喜ばれるタスク（仕事や貢献）は何かを捉え直し、つなぎ、開拓し続ける。それは国籍や国境を越え、時代を超え、さまざまな隣人チームワークで実現されて行く。」多文化共生社会における共存・協働により、CSV（Creating Shared Value）の共創とグローカル化を支える宣教協力が「ビジネス宣教協力の次世代構想」である。被造物保護Creation Careに関わる多様なプロジェクトと包括的なアプローチにおいて、内なる恵み溢れる取り組みが広がり持続可能な成長につながり、「隣人への宣教協力」が拡大されることに挑戦し続けたい。

1　未来二〇二〇／二〇三〇／二〇五〇をめざす被造物保護Creation Care対応

・地球温暖化、生物多様性、低炭素社会、再生可能エネルギー
・地域防災（アジア防災センターADRC、国際防災研修センターDRLC）
・地域包括ケア：医療、看護、介護、こころのケア、医学国際認証元年
・二十一世紀の日本の復活に向けた二十一の国家戦略プロジェクト支援
・日本とアジアの環境未来都市、医療産業都市の共創、など

2　多文化共生社会における隣人チームワーク

・地域や職域における隣人チームワーク
・地域経済共同体（ASEAN経済共同体からアジア地域経済共同体へ）におけるイスラーム圏やヒンドゥー圏ビジネス・ネットワークにつながる隣人チームワーク

3　次世代グローバル人材・交流型イノベータを支える宣教協力

・社会の変化に柔軟に対応しつつ、付加価値や共通価値を生みだすイノベーション創出に取り組み、社会変革を担い支えるリソースネットワーク

・アンビエント情報社会における情報セキュリティ強化に対応するリソースネットワーク
・IoTからIoEへの変化でつながるリソースネットワーク

■JCE7（二〇二三年）までの計画

ローザンヌ運動、WEA／AEA／JEAに関連する内外の宣教会議、内外のビジネスマンやディアスポラ（国際人、国際家族）を対象とした宣教大会に参画しつつ、特に国連の持続可能な成長目標SDGsと整合した被造物保護Creation Careを目的に、ビジネス宣教協力を支えるディアスポラ宣教協力の取り組みを拡大していきたい。LWCCN（Lausanne Movement WEA Creation Care Network）の東アジア地域会議（二〇一七年七月二十四～二十八日）を経て、内外に国際・アジア・日本の宣教協力ネットワークを拡大させたい。

■プロジェクトメンバー

○JCE6まで
青木勝（リーダー）、青木記代美、市村和夫、中尾敬一、柳沢美登里
中西雅裕（ファシリテーター）
○JCE7に向かって
青木勝（リーダー）、青木記代美、市村和夫、中尾敬一、柳沢美登里
中西雅裕（ファシリテーター）

プロジェクト９　教会開拓、教会増殖（リーダー・播義也）

■目的
第６回日本伝道会議で、初めて教会開拓、教会増殖がプロジェクト化された。このプロジェクトの目的は、主の福音を日本中に満たすために、福音を共有する共同体を日本中に満たしていくことである。今回は第１回目ということで、教会閉鎖、教会統合、無牧教会の増加など、教会を取り巻く一方の状況は厳しい中、新しいいのちある教会を生み出し続けていく雰囲気づくり、土壌づくりから取り組むことにした。

■ＪＣＥ６ワークショップ概要
「私たちはどこからスタートするのか」と題して、プロジェクト委員の永井信義師から、この伝道会議に合わせて発刊された、『データブック 日本宣教のこれからが見えてくる』から以下のポイントを抽出し、私たちが教会増殖を目指していく現状の認識を持った。

①欧米の個人主義的なとらえ方ではなく、家の宗教としてのとらえ方。
②〇・八％のクリスチャン人口、プロテスタント〇・四％の人口。数値目標二％をターゲット。五倍を考えると、四万教会ぐらいを目指さないといけない。
③ＪＥＡ（日本福音同盟）、ＪＰＣ（日本ペンテコステ協議会）などのグループと連携していない教会、単立系が二千ある。そのグループとも連携を考えていかないといけないのではないか。
④教会が元気なところが増殖している。教会の活性化と、教会増殖は密接に関係している。

④超教派宣教団体グループ、ペンテコステ、カリスマのグループが、活性化に成功している。
⑤高齢者の活用をしっかりと視点に入れないといけない。政策としても六十五歳以上の働きができるようにした。教会も六十五歳以上の人の訓練方法、教職観が必要。六十五歳以上の人口が二六％。特に消滅可能性都市に出て行ける人は、経済的に自立している高齢者ではないか。
⑥教会の形成の在り方は、子ども、ユースに信仰を継承する教会形成をしていく。
⑦結婚とか夫婦、ファミリーにつながっていく。教会がファミリーを応援していく。それが家の教会による教会増殖を加速化させる。
⑧グローバル化、ボーダレス化、在日外国人への宣教。特にイスラムなどの強い宗教観を持っている人への宣教をしていく。その国との連携が必要。

結論としては、データブックを読んでいて、まだまだやれることがたくさんあると感じた。

発題を受けて「私たちは、どこからスタートするのか？」と題して、グループディスカッションの時を持った。その中で主なポイントとして挙げられたことは、次のとおり。

①クリスチャン人口一％以下という、巨大な未伝道グループの現実。
②教会未設置市区町村の存在、五四九市町村（平成合併前は三三三市町村）
③教会閉鎖、教会合併、無牧教会の増加→教会は作りすぎたという評価から、今後の教会の在り方（教会論、教職論）を再構築していく必要性
④見えていないデータ、隠されている御業（家の教会の存在）。おそらく、家の教会を数えると、増加しているのではないか。
⑤東日本大震災以降の、被災地宣教から学ぶこと。家の教会の存在、信徒による教会開拓、地域で

の宣教ネットワークの重要性。
⑥高齢化社会での宣教として、高齢者への宣教、高齢者の活用の可能性

続けて、「私たちは、どこへ向かうのか?」と題して、グループディスカッションの時を持った。その中で、信徒による教会開拓の可能性を探ること、組織化した教会だけを教会として見るのではなく、家の教会、エクレシア、セルグループ、ハウスチャペルなど、さまざまな呼び方はあるにせよ、福音を共有した共同体が、日本中に生み出されていくことを願う。特にコンビニエンスストアほどの数が生み出されてくれば、日本中に福音が満ちていくことになるのではないかと、夢が語られた。

コンビニエンスストアは、今日五万店舗以上ある。世界の人口を、世界の教会数で割った数は、二四〇〇人／一教会とのこと。それに対して日本は一万六一五九人／一教会である。日本を世界平均である、二四〇〇人にひとつの教会というレベルにするには、五万三〇〇〇ほどの教会が必要である。

また、五四九ある教会未設置市区町村へ福音を満たしていくためには、教会が生み出されていく運動が必要であるという認識が分かち合われた。

最後に、「それをどのように達成するのか?」というディスカッションを持ち、地域でのネットワーク作りの必要性、ムーブメントになるためのフェスタの開催、世界で起こっている教会増殖運動から、教会論、教職論の神学的な考察と、日本での神学的裏付けの確立、教会増殖運動を担う働き人育成の在り方の検討、神学教育の在り方の再考などが分かち合われた。

■JCE7（二〇二三年）までの計画

二〇一七年には東日本大震災から六年が経った宮城県で、教会増殖ビジョンフェスタを開催し、被災地

から教会増殖の原理原則を学び、ＪＣＥ７に向けてさらに教会増殖のうねりを起こしていくことになった。

■プロジェクトメンバー

○ＪＣＥ６まで

播義也（リーダー）、嵐時雄、大田裕作、永井信義、Ｊ・メイン

中西雅裕（ファシリテーター）

○ＪＣＥ７に向かって

同右

プロジェクト10　痛みを担い合う教会（リーダー・若井和生）

■目的

東日本大震災を通して教会が神から問われたこと、教えられたことを神学的に考察したい。そんな願いとともにこのプロジェクトは立ち上げられた。岩手、宮城、福島で教会による震災支援に関わってきた三人の牧師たちを中心に、同時にそれまであった「地方伝道」「共生」プロジェクトの代表もそれぞれ加わり、この問題を多角的、歴史的、総合的に考察することを私たちは目指した。なぜならば、東日本大震災を通して意識されるようになった課題は、大震災の前に日本がすでに抱え、今後、いよいよ抱えていく課題であると思われたからだ。地方の脆弱な経済基盤、急速に進む高齢化・過疎化の現実、中央と地方の歪んだ関係、異教世界との対峙、それらに向かい合いながら苦闘する地方の教会……。東日本大震災後、東北の教会が問われたことは日本中の地方教会が今、向き合っている現実であり、今後、いよいよ深刻になっていく課題であると思われる。

東日本大震災は「教会・宣教・世界」に関して私たちの本質が問われた経験だった。私たちは、大震災を通して意識された課題を単なる方法論としてではなく、改めて聖書に立ち返り神学的に検討し、日本宣教や教会の課題として共有したいと思う。よってこのプロジェクトはどうやったら宣教が前進するのか、その方策について考えるプロジェクトではない。大震災を通して語られた主の御声に耳を傾け、みこころを理解し、それらを全国の教会と共有することを目指している。

■JCE6ワークショップ概要

ワークショップでは、東北で教会を通しての震災支援活動に携わった三人の牧師たちが、それぞれ発題を行った。

松田牧人師は「痛み」に注目し、私たちが痛みを受け止める際に陥りやすい落とし穴を指摘した。一方で痛みを単純化し、過小評価してしまう傾向がある。置かれている状況も担っている痛みもみな違うのに「被災者」という一言で説明されてしまう。その一方で痛みを必要以上に過大評価し、「偶像化」してしまう落とし穴もある。痛みを人間の側にひきつけて考えてしまう私たちの傾向を指摘した上で、そんな私たちに対しあわれみをもって心を痛めておられる神のその痛みがあまりにも見失われているのではないかと問いかけた。

木田惠嗣師は、震災時の被害だけでなく、その後福島で経験されてきたさまざまな分断の中で教会が多くの痛みを担ったこと、しかし福島外から教派教団を超えた支援の手が差し伸べられ、痛みの現場でともに働く信仰の交わりが大きな励ましとなった体験を証しされた。その上で、パウロがオネシモをピレモンの下に送り届ける「ピレモンへの手紙」を通して、生きて働く双方向の交わりの素晴らしさを語った。

若井和生師は、大震災は「教会とは何か」が問われるときだったと語った。教会の地域との関係が開かれた機会だったが、地域との関係で混乱も経験。この世の中の課題に真摯に向き合えない体質が教会にあること、人間の抱える痛みや苦しみに及び腰であること、信仰的なことばやふるまいが現実逃避の手段になってしまう点を指摘した。また被災地で始められた一つ一つの働きが時間的・空間的に細切れにされる傾向にある中、それらを主の歴史を通じた一貫した働きの中に位置づける大切さを語った。

■JCE7（二〇二三年）までの計画

以上のような発題は問題提起の段階で留まった感が強い。教会が痛みを担うことは果たして可能なのか。都会と地方の教会が痛みを担いながらともに成長し、祝福を受けていくための交わりはどのように実現されていくのか。教会は痛みゆく世界のただ中にあって、主の働きにどのように参与し、それらはどのように完成に至るのか。今後とも神学的考察と研鑽を深めたい。さらに与えられた問題意識を共有するための学習会等を継続的に企画し、開催したいと考えている。地域教会が地域の痛みを担うため、また全体としてもともに担い合うための神学的、実践的素地を造り出すことを目指したい。

その第一歩として、ＪＣＥ６での発題を中心に、それらを受けとめた各プロジェクトメンバーの原稿も加えたブックレット『痛みを担い合う教会　東日本大震災からの宿題』（いのちのことば社）を二〇一七年九月に出版する。

■プロジェクトメンバー

○ＪＣＥ６まで

若井和生（リーダー）、阿部信夫、木田惠嗣、根田祥一、松田牧人

中西雅裕（ファシリテーター）

○ＪＣＥ７に向かって

若井和生（リーダー）、阿部信夫、木田惠嗣、新田栄一、根田祥一、松田牧人

中西雅裕（ファシリテーター）

プロジェクト11　青年宣教（リーダー・西村敬憲）

■目的

「ミッションテモテ21」による次世代育成と青年宣教

多くの教会で若者がいないことに対して、なすすべを持てないでいるのが正直な現状である。しかし、これには原因がある。それは、クリスチャンホームで育てられた青年が教会に少ないことである。この現状を克服するために、どの教会でも実現可能な方法で取り組み、青年宣教が実を結ぶことを目指すプロセスを「ミッションテモテ21」と呼んでいる。というのは実は、クリスチャンホーム出身の子どもたちを合計するとかなりの人数がいて、ほとんどが中学生までに受洗に導かれているのだ。ところが中高生の時代にその七割近くが実質的に教会生活から離れているのである。そのために当然、第二世代以降の青年層が形成できないでいる。

だから、この現状を打破して青年宣教が進むためにはまず、クリスチャンホーム出身の中高生が受洗後も生き生きと教会につながり続けて、青年へと成長していくことがカギになるのである。そのために、まず中高生を大切にする教会形成をみんなで取り組むことが必要である。そしてそれはどの教会でもできることの積み重ねで可能なのである。そのような意識を持って中高生を育成するだけでも、青年の数は現在の二倍以上になり、青年宣教のチャンスが生まれてくるのである。

つまり青年は、青年のいるところに集まるので「青年による青年宣教」の中核を担うクリスチャンホーム出身の第二世代以降の青年を育てることが大切である。大切に育てられ、しっかりと教会を愛する青年は、社会にもインパクトを与えるようになるだろう。そして彼らに魅力を見いだすなど、導かれる青年が教会に少しずつ定着していくようになる。それぞれの教会ではゆっくりとした歩みでも、着実に青年へと育てる教会が増えれば、教団やJEA全体では十年で青年は三倍以上になるだろう。

■JCE6ワークショップ概要

ここでは、まず「教団教派青年担当者の苦悩と葛藤」という題で西村委員長から発題がなされ、青年宣教の担当者が直面する課題が率直に話された。それを踏まえて、各教団やパラチャーチの代表者数名によるパネルディスカッションが行われた。教会や教団の現場で、世代をつなごうとする働きで味わう経験を率直に分かち合う時となった。それぞれの課題を共有し、協力関係の重要性を確認する貴重な時となった。

さらに、参加者によるテーブルミーティングでは、いろいろな青年宣教に関係するテーマごとの課題を分かち合ったほか、第2回の日本青年伝道会議への期待を話しあった。協力への積極的な意見も多かった。

■JCE7（二〇二三年）までの計画

これからの青年宣教は、アクティブな青年たちのネットワークを形成し、献身者や教会を担う若い人材を育成し、社会にキリスト教のインパクトを与えられる青年たちを派遣することを目指していく。そのために、「第2回日本青年伝道会議（NSD）」を二〇一八年に開催する。第1回NSD（二〇一二年）は、「すっと青山」（二〇〇三年）で形成された青年宣教に重荷を持つ有志のネットワークが中核となって準備が進められてきた。そこで第2回NSDでは、さらにそのネットワークを広げて教団や諸団体の主体的な協力関係を形成する場となることを目指している。

このために、「青年担当者サミット」が二〇一七年五月に開催され、七十名に及ぶ各教団、諸団体の青年宣教担当者が集まった。そこでは担当者同士ならではの活発な交流の場となり、次のＮＳＤに対しても前向きな意見が交換された。この背景には、次世代育成や青年宣教に対して各教団が優先的な課題として取り上げるようになり、人材の育成に力を入れ、教団を超えた協力関係にも積極的な理解を持って意思決定をしていることが挙げられる。

またパラチャーチの誠実な取り組みに対しても、幅広い協力関係が期待されていることも挙げておかなければならない。ＪＥＡ青年委員会は、このような青年宣教の協力関係を支援する場づくりをこれからも担っていくことになるだろう。

■プロジェクトメンバー

○ＪＣＥ６まで

西村敬憲（リーダー）、飯田岳、大嶋重徳、川口竜太郎、田中裕明、蔦田聡、早坂恭

畑野順一（ファシリテーター）

○ＪＣＥ７に向かって

早坂恭（リーダー）、飯田岳、大嶋重徳、川口竜太郎、佐野泰道、ポール・鈴木、田中裕明、蔦田聡

船橋誠（ファシリテーター）

プロジェクト12　子ども（リーダー・杉本玲子）

■目的

子どもプロジェクトの主目的は、子どもミニストリーの現状に関するデータ提供と子どもミニストリーの活性化の支援であった。各地域の教会のキッズスタッフ同士のネットワーク構築、課題とビジョンの共有も、重要な目的であった。

■JCE6ワークショップ概要

プロジェクト委員の問題意識としては、「CSの子どもが減っている」等、表面的で漠然としている現象ばかりが強調され、子どもミニストリーに関する統計的な調査が実施されていなかったことである。それでJCE6を契機に二種類のアンケート調査を実施した。(A)イエス・キリストを救い主と信じた年齢、初めて福音を聞いた年齢、信仰のきっかけを尋ねる調査（クリスチャン対象）および(B)教会学校の有無、幼児・小学生と奉仕者の出席者数、教会学校のスタイルや日曜以外のプログラムについて等に関する調査（教会の教職者対象）である。この結果を「DATA　BOOK」という小冊子にまとめて出版し、ワークショップで紹介した。結果の一部は『データブック　日本宣教のこれからが見えてくる』（いのちのことば社）でも紹介された。

イエスを救い主として信じた年齢としては、十八歳以下が五一％という結果が得られた。初めて福音を聞いた年齢では、十八歳以下が七三％だった。信仰をもったきっかけは、①親の影響、②CSやキッズイベントが圧倒的に多かった。教会学校のある教会は七六％だったが、規模としては、子どもの出席人数平均十人以下が八四％だった。戦後の教会学校最盛期に比べると、人数的には約十分の一に減少している結果だ。このような子どものミニストリーの現状をベースとして、今後何ができるか、教会の地域へのアプローチに関して、具体的なアクションプランについて話し合った。

関西の教会が、大阪、神戸、京都でそれぞれ協力し合いながら、定期的にキッズプレイズ集会や教師研修会等を開いているＫＦＳＭ（キッズアンドファミリーサポートミッション）の事例が紹介された。さらに、地域ごとに小グループに分かれて、地域のニーズと、子どもプロジェクトの地域ミーティング開催の可能性についてディスカッションした。日本における４／14の窓運動の発足以降、関西のほかにも、関東、東北、北陸、沖縄で地域ミーティングが開かれているが、この輪がＪＣＥ７に向けて、さらに日本各地に広がっていくために、意見交換を行った。

子どもプロジェクト主催の分科会では、子どもミニストリーに関する基本的理念が紹介された。続いて、子ども食堂、子ども英会話、子どもクラブ、子どもトラクト、子どもアプリやＤＶＤ、親子教室、海外の子ども支援など子どもに関わるさまざまな取り組みのミニブースが設置され、参加者が、それぞれ興味のあるブースを回って、話を聞き、質問の時を持った。教会の子どもミニストリーと協力できる可能性のある超教派団体の働きも紹介された。

さらに、子どもミニストリーに関する継続的な情報提供のために、子どもプロジェクトで立ち上げたウェブサイトも紹介された（http://jeakodomo.weebly.com）。定期的な更新によって、全国の教会に子どもミニストリーに関する幅広い情報を提供することを目指している。

■ＪＣＥ７（二〇二三年）までの計画

ＪＣＥ6以降は、４／14の窓運動バリ・カンファレンス参加（二〇一六年十月）、４／14の窓運動の第2回全国カンファレンス開催（二〇一六年十一月、東京）、「ＤＡＴＡ　ＢＯＯＫ」の再版（二〇一七年六月）、関東フォーラムの開催（二〇一七年七月、神奈川）、岡山における地域ミーティングの立ち上げ準備等に取り組んでいる。今後は特に、ユース世代がキッズ世代のための良いモデルとして関わりを持ち続けること等についてフォーカスし、日本全国に少しずつ活動を拡げていくことを目指したい。

■プロジェクトメンバー

○ＪＣＥ6まで

杉本玲子（リーダー）、宇賀飛翔、古波津真琴、鈴木悟

畑野順一（ファシリテーター）

○ＪＣＥ7に向かって

杉本玲子（リーダー）、宇賀飛翔、古波津真琴、鈴木悟

船橋誠（ファシリテーター）

プロジェクト14　宣教協力とそのインフラ造り（リーダー・佐々木望）

■目的

ＪＣＥ５のテーマは「危機の時代の宣教協力」であった。ＪＣＥ５で共有された問題意識は、ＪＣＥ６の準備期間を通して、宣教協力の恒常化へとシフトしていった。これまでの垣根を越えた宣教協力の恒常化を、ＪＥＡが中心になって実現していこうという方向を確認し、実現へ向けて動き出したのである。この宣教協力の恒常化を「宣教協力のインフラ」と表現し、ＪＥＡ理事会から選ばれたメンバーがプロジェクトを担当した。ＪＣＥ６においては、以下の四つのテーマに取り組んだ。

・教団教派間のネットワーク造り……教団教派代表者の集いを定期的に開催し、交わりの継続・深化、情報共有を図る
・地域教会のネットワーク造り……地域における恒常的な宣教協力推進を啓発していく
・地方教会の発展的継続の取り組み……その実例（兼牧、協力牧会、合同・合併、等）の事例研究や啓発を行う（ただし、地方教会の統廃合を積極的に押し進める意図はない）
・宣教インフラとしてのＪＥＡの在り方……ＪＥＡ理事会および委員会が、新しい時代にふさわしい宣教協力のインフラとして機能するための機構を検討し実施する

■ＪＣＥ6ワークショップ概要

ワークショップでは、右記の四つのテーマに分かれて、ディスカッションを行った。ディスカッション

は意見をまとめることよりも、自由に発言していただくことを重視したので、以下の内容は、その羅列的なものである。

・教団教派のネットワーク造り

現状、課題を分かち合い共通の課題が多いことを確認した。すなわち、高齢化、世代交代、都市と地方、等／青年の育成が急務／毎年代表者の集いをもつとよい／地方教会の協力を教団教派がバックアップする／教会、信徒の側から教団教派の垣根を越える働きができないか

・地域教会のネットワーク造り

ネットワークがある地域とない地域のバラつきが大きい／防災ネットワークは初動として取り組みやすい／信徒のネットワークが不足／若者伝道に有益／地域の行政や福祉の働きに関わりを持ちやすくなる

・地方教会の発展的継続の取り組み

信徒説教者の育成／存続のための教団教派を超えた兼牧、合同を検討する／同時にそうならないような方策も検討／こだわりから協力へ意識をシフトする／ＪＥＡなどの働きを通して、実は近い関係にあることを周知する

・宣教インフラとしてのＪＥＡの在り方

宣教委員会を三部門制（宣教フォーラム部門、宣教研究部門、異文化宣教ネットワーク部門）にすることが動き出している／宣教インフラのためにＪＥＡに求められる役割が大きくなっている／教団教派も単独では乗り切れない現実に直面しているのでは／地域担当理事を設置できないか／教団教派代表者の定期的会合が必要／教界の再編も視野に入れてもいいのではないか／キリストにある一致という姿勢を大切にしたい／教会の一体性を示すことは、地域に対するよいあかしとなる

■ＪＣＥ７（二〇二三年）までの計画

・ＪＥＡ宣教委員会の三部門の働きを軌道に乗せ充実させる。

・ＪＥＡ理事会の宣教協力推進役としての機能、組織の検討、見直しを行う。本プロジェクトからさまざまな提言・提案を理事会に諮ってゆく。また、地方担当理事が置かれ、地方教会とＪＥＡのつながりの深化を図ることが確認された。

・教団教派代表者の集いを定期的に開催する。現時点ではＪＥＡ総会時に開催の予定。人材交流による情報共有、ひいては宣教チャンスが生まれることを願っている。

・地域教会ネットワーク造り啓発活動を継続する。

・地方教会の発展的継続のための研究や情報交換、新しい方策の検討を行う。

・二〇一七年六月のＪＥＡ総会で新しい理事が選出され、プロジェクトメンバーが一新された。上記の基本路線を踏まえつつ、柔軟な発想で新しい提案がなされ、実施されることが期待されている。

■プロジェクトメンバー

○ＪＣＥ６まで

佐々木望（リーダー）、大井満、川原崎晃、田中進、中西雅裕、品川謙一

中台孝雄（ファシリテーター）

○ＪＣＥ７に向かって

米内宏明（リーダー）、内山勝、寺田文雄、中西雅裕、山崎忍、品川謙一

広瀬薫（ファシリテーター）

プロジェクト15　教会の誠実さへの変革（リーダー・飯田岳）

■目的

「教会の誠実さへの変革」プロジェクトは、「キリストの教会を謙遜（Humility）と誠実（Integrity）と質素（Simplicity）へと呼び戻す」ことを目的とする。それは日本の教会が謙遜、誠実、質素ではないということを意味しない。むしろそれぞれの教会はそれらを目指して前進している。けれどもその一方で、日本の教会に突きつけられた課題が存在することも事実である。その課題の一つとして、「極端な繁栄の神学」（Health Wealth Prosperity Gospel）を挙げることができる。

上述した「キリストの教会を謙遜と誠実と質素へと呼び戻す」という文は、二〇一〇年にケープタウンで開催された第3回ローザンヌ世界宣教会議で作成された『ケープタウン決意表明』にある。この中に「極端な繁栄の神学」への戒めが記されている。その影響を受けたリーダーたちの不健全に栄えたライフスタイルや動機の歪みが、非倫理的な教会やキリストに似ていない教会を生み出すという課題について警告を与えている。

本プロジェクトでは、「極端な繁栄の神学」の影響が世界中の教会にあることを踏まえ、「キリストの教会を謙遜と誠実と質素へと呼び戻す」ことを、日本の文脈において再検討する。そのため二〇二三年の第7回日本伝道会議までに、「権力」「性」「金銭」「成功」の四つのテーマで講演会を行う。

それぞれの項目における問題意識を記す。「権力」では、権威主義的なリーダーシップ、教会のカルト化の問題。「性」では、働き手の性的な逸脱、性について厳しく取り締まる律法主義的な教会の問題。「金銭」では、献金の強要、働き手の倫理。「成功」では、働き手の動機の問題を扱う。

■JCE6ワークショップ概要

第6回日本伝道会議では、ローザンヌ運動前総裁ダグラス・バーゼル氏を招き「権力」の題で講演会を行った。バーゼル氏は二十六歳で宣教師として来日し、掲げた目標は「三十歳までに千人の教会」であった。三十歳のとき、下北沢の賃貸の教会堂に集っていたのは「九百八十八人足りない」人数だったが、そのとき「一人を愛せよ」と主から語られ、牧会者の心を教えられる。同氏は総裁になった後の苦難と謙遜についても真実な証しをされた。またピリピ人への手紙2章1~11節を引用し、十字架にかかり、権力を捨てたキリストの姿に注目するよう説き、マタイ福音書20章28節から仕えるために来たイエスの姿について語った。

バーゼル氏の講演の後、プロジェクトリーダーの飯田岳が応答。「聖書的なリーダーは、神に従う人。ビジネスの世界で語られる『リーダーは影響力』という発想に教会は慣れすぎてはいないか」と指摘した。さらに「土壌以上のリーダーは生まれない」として、フォロワー（従う側）の責任についても言及。アジアではリーダーの評価が年齢・性別・立場・経験に偏り、「日本の企業のCEOは、六十歳以上の男性で占められる。教会も同様」と指摘。

続いてプロジェクトメンバーが応答した。「ローザンヌでは謙遜が最も重要。日本では質素、誠実、謙遜の順番に考えていないか」（大庭貴宣氏）、「リーダーが弱さを認めることは辛い作業だが、だから神の力に頼る必要がある」（里村佳子氏）、「賀川豊彦の妻ハルに見る、男女が協力することの重要性」（岩田三枝子氏）、また信徒の立場から「霊的権威以外の面からリーダーを見ていないか」（鎌田愛子氏）の問いかけがあった。

参加者からは「弱さの模範になることが印象的」、「男性と女性では、権力の捉え方が異なる」、「リーダーシップは影響力を与える人と考えていたが、違うと教えられた」、「健全ではない弱さ（自己憐憫）と聖書的無力さの違いは重要」などの応答があった。また今後の課題として「権威に傷ついた信徒へのフォローアップについて検討してほしい」、「具体的な話が聞きたい」などの声が寄せられた。

■ＪＣＥ７（二〇二三年）までの計画

今後も日本の伝道に正しい方向づけを与えるもの、伝道に倫理を与えようとするものとして本プロジェクトを進めていきたい。次回は「性」をテーマに講演会を二〇一八年に行う。

■プロジェクトメンバー

○ＪＣＥ６まで
飯田岳（リーダー）、岩田三枝子、大庭貴宣、鎌田愛子、里村佳子
金本悟（ファシリテーター）
○ＪＣＥ７に向かって
飯田岳（リーダー）、岩田三枝子、大庭貴宣、鎌田愛子、里村佳子
米内宏明（ファシリテーター）

JCE7に向かって

1　プロジェクトの継続

JCE5から導入されたプロジェクトは、伝道会議から生み出された宣教の具体的な働きである。JCE6ではプロジェクトがそれぞれの分野における働きの進捗状況の評価と再確認を行い、二〇二三年に開催されるJCE7に向けての七年間のロードマップを提案した。この提案はJCE6で分かち合われ、その後参加者が共通の目標を持ちながら日本全国で具体的な宣教協力の働きに取り組んでいくこととなる。また各プロジェクトのチームには次世代のメンバーを必ず入れ、ネットワークをさらに広め、深め、太くし、二〇二三年以降も働きが持続発展していくことを目指している。さらにJEA（日本福音同盟）では宣教委員会の組織を再編し、宣教委員会内に宣教フォーラム部門が新たに作られた。宣教フォーラム部門は、プロジェクトの働きの継続を推し進め、毎年のように開催される宣教フォーラムでは活動の進捗状況を共有していくこととなる。プロジェクト間のつながりも大切なため、プロジェクトリーダーミーティングを継続して開催していくことも計画している。

2　宣教協力のネットワーク作り

日本伝道会議は、プロジェクトの具体的な働きがそれぞれの地域や教派で進められることを目指している。この具体的な働きを進める場を「アナロギア」（「相似」という意味のギリシア語）と呼んでいる。これはＪＥＡ内の神学、社会、援助協力、女性、宣教、青年の六つの委員会と相似するアナロギア委員会がそれぞれの地域や教派で生み出されることで、宣教協力の働きが身近なものとなり、また現実的に機能すると考えている。しかしアナロギア委員会が生み出されていくのは、コイノニアの交わり、プロジェクトワークショップを通しての出会い、あるいはそれぞれの地域や教派にすでにある交わりや委員会を通してである。つまり組織的トップダウン型ではなく、心動かされ、つなげられた者たちが各分野のプロジェクトの具体的なわざを、それぞれのところで小さな働きとして進めていき、結果としてアナロギア委員会が生まれ、働きが根づいていくこととなる。神戸は、すでにＪＣＥ６開催の二年以上前から六つの神戸アナロギア委員会を起ち上げ、現在もその働きを継続している。二〇二三年のＪＣＥ７までに、このような地域と教団教派を縦横の軸にしたネットワークが生み出されていくことを期待している。

３　ＪＥＡ（日本福音同盟）の役割

各プロジェクトにはＪＥＡの理事がファシリテーターとして加わっており、各方面との連携を図る役割を果たしていくことになる。またＪＥＡの６つの専門委員会はハブとしての機能を果たすことになり、各専門委員会を通してさまざまな地域や教派とつながるだけでなく、さらにはアジアや世界の福音的な教会とつながる可能性が開かれる。また日本伝道会議の働きが継続され用いられていくためには、諸団体、諸教会の協力なくしては達成されるものではない。各プロジェクトには支援者を確保する自助努力が求められているが、ＪＥＡによる組織的な祈りと支援は重要な後ろ盾である。

私たちは、ＪＣＥ６という広場で与えられたつながりを通して、諸教会の協力関係が二〇二三年のＪＣＥ７に向かって Re- VISION され、さらに広く、深い宣教協力が実現していくことを期待している。

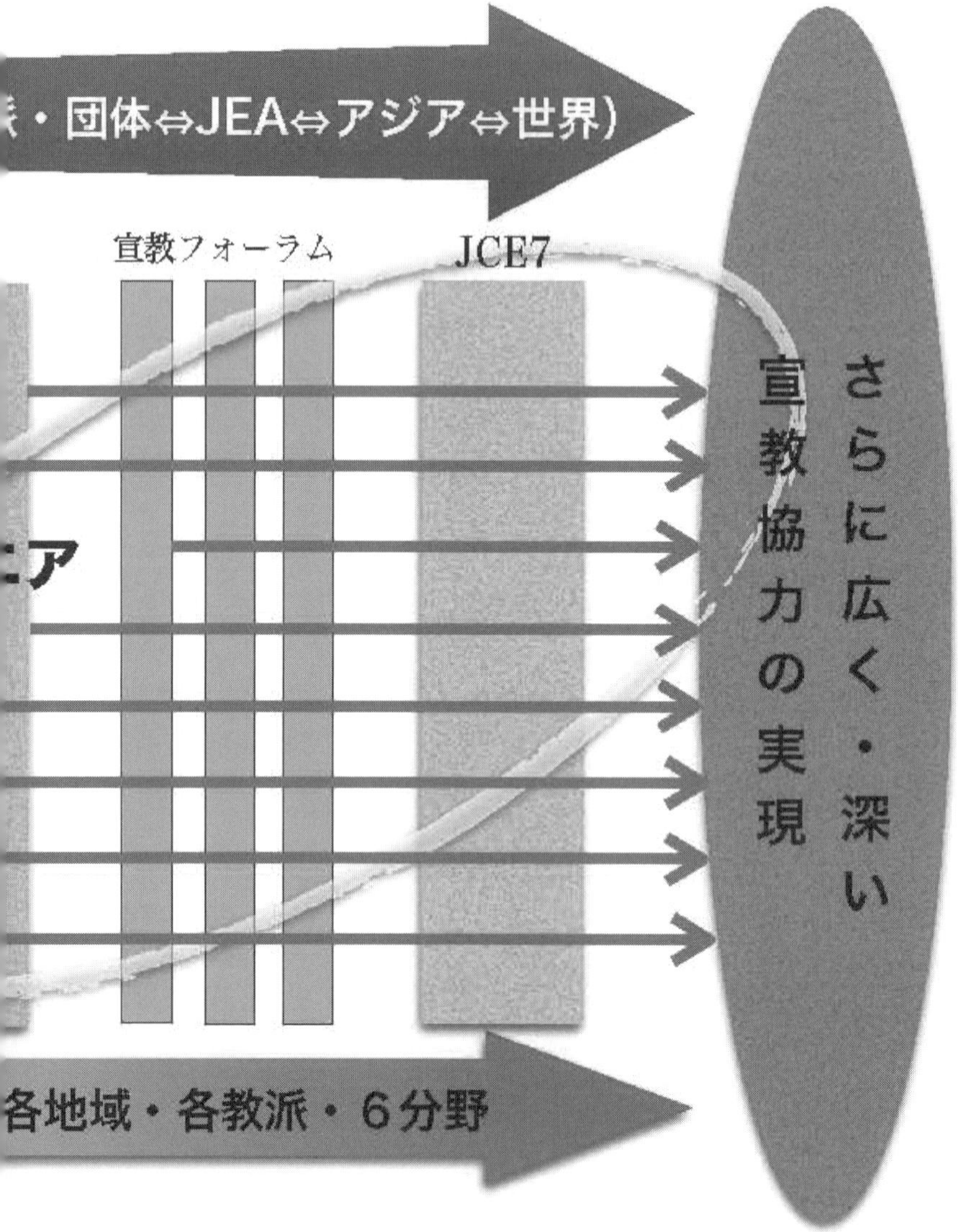

・団体⇔JEA⇔アジア⇔世界）
宣教フォーラム
JCE7
ア
さらに広く・深い
宣教協力の実現
各地域・各教派・６分野

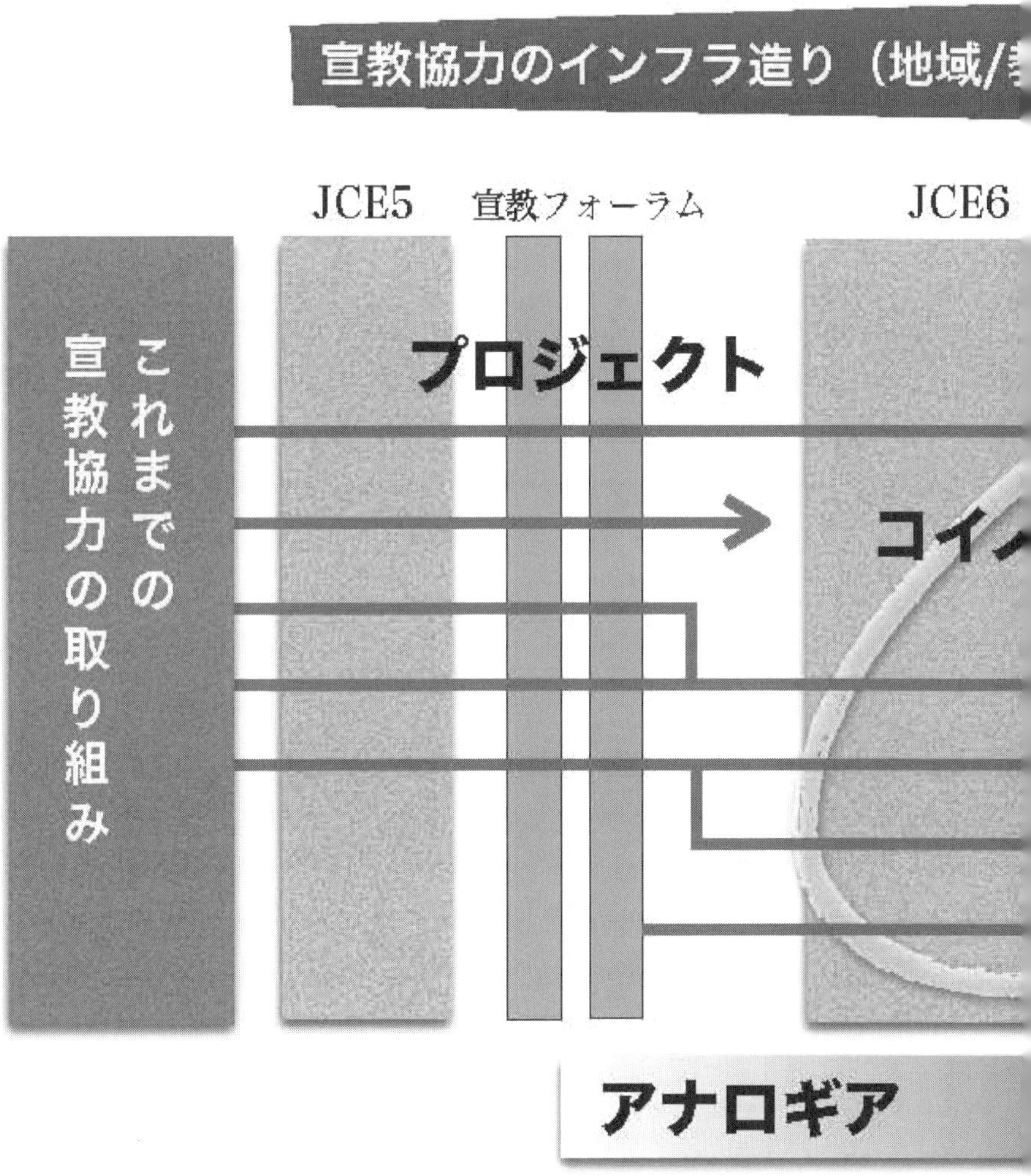
宣教協力のインフラ造り（地域/
JCE5
宣教フォーラム
JCE6
これまでの宣教協力の取り組み
プロジェクト
アナロギア

JCE6での「コイノニア」のコンセプト

イムマヌエル神戸キリスト教会　岩上祝仁

序

第6回日本伝道会議では、コイノニア（テーブルミーティング）が実施された。今回の伝道会議の目玉の一つであったように思う。伝道会議を単なるイベントや大会としてではなく、参加者の意識を高め、参加する意味と意義を与えるものとして、このプログラムが導入された。ここでは、第6回日本伝道会議でどのような聖書的、神学的な理念に基づいてコイノニアが構築されたのかを紹介する。

Ⅰ　導入の経緯

第6回日本伝道会議におけるコイノニア活動を導入するきっかけは、二〇一〇年にケープタウンで開催されたローザンヌ会議の影響による。ローザンヌ会議に出席し、参加した方々から、ケープタウン会議でのテーブルミーティングの良さが伝えられ、ぜひ日本伝道会議でも実施してはどうかという意見が出され、取り入れることとなった。ローザンヌ運動ケープタウン会議でのテーブルミーティングは幾つかの意味がそこに込められている。一つはケープタウンの名所であるテーブルマウンテンがあること、そして異文化交流の場としてのテーブル、さらにキリストの聖餐を意味するテーブルによって信仰的な一致が表現されている。しかしケープタウンのテーブルミーティングの資料を取り寄せてわかったことは、世界中から参加者が集まる異文化交流をどのように実現するのかというローザンヌ会議ならではの課題に焦点が当てられていたことである。ローザンヌ会議で良かったからと言ってそのまま伝道会議でも、ということは安易な考えであった。またなぜ伝道会議にテーブルミーティングが必要なのか、その説明責任を参加者の方々に果たせないことにもなる。そこでもう一度、聖書的・神学的に「交わり」について見直した結果、テーブルミーティングの伝道会議版「コイノニア」が誕生したのである。

日本伝道会議での準備を始めて、改めて私たちの「交わり」についての考察の必要性を感じた。「交わり」ということばは、聖書の中でも用いられ、教会でも当たり前のように使われている。もう一度「交わり」を明確に捉えることによって、コイノニアの意義を掘り下げてみた。

Ⅱ　コイノニアの神学

A　私たちのコイノニア（交わり）の基礎……創造論から

私たち人間は、孤独を恐れている。人は、誰かに受け入れられたい、認められたいという心理的な欲求を持っている。愛されてこそ、人は育ち、生きることができる。なぜ、私たちはこのような存在なのか？　それは、創造主なる神がそのように人を造られたからにほかならない。

創世記1章26、27節では次のように言われている。「神は仰せられた。『さあ人を造ろう。われわれのかたちとして、われわれに似せて。……』神は人をご自身のかたちとして創造し、男と女とに創造された。」ここで「神はご自身のかたちに似せて、神のかたちとして創造された」と書かれている。人は神のイメージに似せて造られた。道徳的存在として、霊的存在として、社会的存在として、さまざまな部分において、私たち人間は神に似せられた存在として創造された。

人が神に似せて造られた中で、「交わり」の基礎となるのは、神ご自身が「愛」と言われている点であろう。私たちが信じている神は三位一体の神である。お一人であると同時に、その中に父なる神、子なるキリスト、そして聖霊なる神が三つの位格をもっておられる。父なる神は子なるキリストと聖霊なる神を愛され、私たちの救いのために遣わされた。一方、子なるキリストも父なる神を愛され、父なる神のみこころに従って、神としてのあり方のすべてを捨てて人となられた。また聖霊なる神も愛なる神として、神の愛を私たちに注いでくださる。神のそれぞれの位格が他を愛するお方として存在している。そこに、神ご自身がご自身のみで交わりをもっておられる。だからこそ、神は愛である。そして、神に似せて造られた私たちも「神を愛し、隣人を愛する」交わりの中に生きるように創造されている。

B　交わりを構築する意識の大切さ

「交わり」に生きるよう創造された私たちは、その一方で堕罪の下にある。アダムとエバが、お互いを愛し合い、支え合う夫婦、家族として創造されたにもかかわらず、罪を犯した。その結果、罪の責任のなすり合い、人が人を力で押さえ込むような関係に変化したと聖書は教えている（創世3・8～19）。神が創造された愛の交わり、お互いが信頼し、助け合うという人間関係を、罪は破壊した。麗しい交わりの形と神の愛に基づく人間関係ではなく、力と人間的な権威に基づいて他人を支配しようとする関係へと、私たち人間の関係性は罪によって大きく変化した。また、堕罪の結果、救われた人々の集まりである教会の中においても、人間関係における課題は尽きることがない。だからこそ、私たちはこの問題にキリスト者として真摯に向き合うとともに、主にある交わりについての理解を深め、主イエスの恵みによってキリスト者の交わりを建て上げていくための努力が必要になっている。

具体的には、伝道会議に参加しても残念なことだが「孤独」を味わって帰る方々がいた。また、新しい出会いを期待しながら出席してみても、顔見知りの方々とだけ多くの時間を過ごすことは多々見られた（かく言う筆者がそうだった。同じ教団の人間と多くの時間を過ごし、伝道会議に出席したことと観光で満足した）。よほど自分から積極的に殻を打ち破って周囲の方々とフレンドリーに接していかなければ、伝道会議であっても「キリストにある新しい交わり」を築き上げることは難しい。もちろん出会いのチャンスはたくさん与えられていた。伝道会議側で備えられていた交わりのプログラムがあったにもかかわらず、その機会を逃してしまった残念な自分がいた。同時に、伝道会議を交わりを構築する場と考えず、出会いを「交わり」にまで育てようとする意識の低さが根底にあった。

この意識改革が行われなければ、同じことの繰り返しが伝道会議においても延々と続くこととなる。「交わり」を構築するには、一緒に過ごす「場」と「時間」、そして、お互いを思う「心」（愛）が必要である。キリスト者であっても、主にある「交わり」を建て上げていこうとする積極的な意志が私たちの間に求められているのではなかろうか。

C　「交わり」を可能にする神の働き……御霊の「交わり」

罪によって破壊された私たちの「交わり」を回復するのがキリストの十字架の贖いである。同時に、みことばによれば、私たちキリスト者の交わりは、同じものを持っていることで「交わり」の土台が据えられている。それをみことばは「御霊による一致」ということばで表現している（エペソ４・３）。「交わり」は同じ何かを人と共有し、共感し合い、そして力を合わせて同じ目的を達成するために、何かに取り組みながら、深められてゆく人格的な営みだと定義することができる。そうすれば、信仰者の交わりは「御霊の一致」を土台として、まず同じものを確認することによって、強められる。それは「からだは一つ、御霊は一つです。あなたがたが召されたとき、召しのもたらした望みが一つであったのと同じです。主は一つ、信仰は一つ、バプテスマは一つです。すべてのものの上にあり、すべてのものを貫き、すべてのもののうちにおられる、すべてのものの父なる神は一つです」（エペソ4・4～6）という信仰的な共通項である。この共通項を確認し、同じ主を礼拝することにより、御霊によって与えられる霊的な一致、一体感が実現すると言えるのではないだろうか。

実際に、「交わり」と訳されるギリシア語のコイノニア（κοινωνια）ということばを聖書の中で見てみると、単に一緒にいるという以上の意味があることがわかる。使徒2章42節では、ペンテコステの日に、ペテロの説教によって悔い改め、キリストを信じ、バプテスマを受けた弟子たちが「彼らは使徒たちの教えを堅く守り、交わりをし、パンを裂き、祈りをしていた」と書かれている。ここでの「交わり」（コイノニア）は単に一緒にいて、交流があるというより、ともに霊的な営み（礼拝）に参加するという意味合いが濃いと言われている（〝Fellowship〟 from The New International Dictionary of New Testament Theology ed. Colin Brown vol.1 p. 639）。ともに主イエスを見上げ、父なる神を礼拝する心がキリスト者の「交わり」の基礎となる。そこに「御霊の一致」も与えられ、私たちの交わりの「土台」がしっかりと据えられていることを確認することができる。

D　交わりの中身

キリスト者の交わりとは何か？　それを「御霊の一致」に基づく交わりとするなら、同じ信仰者として、キリストにある兄弟姉妹との間に成立するものと定義することができる。とすれば、キリスト者の交わりの中身は「兄弟愛」と言えるのではないか。

キリストのからだとしてキリストにあって結びつけられたお互いが、「御霊によって注がれる神の愛」によって、「兄弟愛」の実践として、教会におけるキリスト者の交わりがある。ペテロの手紙では、「あな

JCE6は期間中8人1テーブルのコイノニアで分かち合いながら進められた

なたがたは、真理に従うことによって、たましいを清め、偽りのない兄弟愛を抱くようになったのですから、互いに心から熱く愛し合いなさい」（Ⅰペテロ1・22）と勧められている。土台となっているのは、キリストの十字架の贖罪。それによって、罪がきよめられ、偽りが取り去られて、兄弟愛が与えられるのである。これを実践して、互いに心を込めて愛し合い、兄弟愛をことばと行動に表すようにと語られている。具体的には、お互いをキリストの愛によって受け入れ、赦し合い、霊的な建て上げのために励まし合い、祈り合い、実際的に支え合うことにより、交わりが実のあるものとなってゆくことである。

伝道会議のコイノニアは、「交わり」を通して「兄弟愛」を意識しながら、実践していく場を提供することになる。見知らぬ者同士が、さまざまな教会の違い、神学的文化的な相違、感受性や多様性を強調することなく、キリストにある信仰と救いを土台として、恵みによって一つとなることを目的として集まるなら、そこには大きな変化が起こり得る。互いに関心を持ち、互いを受容し、互いを励まし合い、互いに霊的に建て上げることに取り組むことができれば、そのグループの霊的な交わりは人格的な大きく良い影響を及ぼし合うものとなる。それこそが主イエスの喜ばれることであり、主のみこころにかなうことではないだろうか。

さらに参加者が伝道会議から各々の地域教会にそれを持ち帰るならば、目に見えるキリストのからだである教会が建て上げられ、さらに地域教会の枠を越えて、公同の教会が建て上げられていく可能性が広がることだろう。

E　交わりの方向性……外に向かって、主の使命を果たすために

キリスト者の「交わり」の内実が「兄弟愛」だとするなら、「交わり」が「交わり」で終わるのではなく、外に向かって進んでいくものではなかろうか。ペテロの手紙には次のように書かれている。「敬虔には兄弟愛を、兄弟愛には愛を加えなさい」（Ⅱペテロ１・７）。兄弟愛は外に向かって開かれており、まだ福音を知らない人々への愛、隣人愛へとつながっている。この点において、伝道会議のコイノニア（テーブルグループ）も内向きに、互いに関心を持ち、受容し、祈り、愛し合うことがゴールではなく、そこから互いに力を合わせ、主イエスが愛しているこの世の人々へと向かっていかなければならない。

主は私たちキリスト者が「教会の中の交わり」に留まるのではなく、使命として出て行くようにと命じられた。福音の中心は、キリストの十字架と復活である。それにより私たちは「救い」を体験し、その「救い」の喜びと平安を味わいつつ、主の力と恵みにより聖霊に強められて、キリストの福音を世に伝えてゆくことが求められている。もし、恵みを自分たちのために、教会の中だけに用いることで終わってしまうなら、それは主のみこころとご計画にかなっていると言えるだろうか。

パウロはコイノニアということばを用いて、次のような表現をしている。「キリストの苦しみにあずかる（κοινωνια）ことも知って」（ピリピ３・10）。文脈はパウロが自らについて語っている箇所で

ある。そこでパウロは、キリストの苦しみのコイノニアに入っていると告白している。ピリピの町での迫害を思い返し、自分は宣教のために福音の苦しみを担っているというパウロの告白がある。そして、ここには「自分の十字架を負い、わたしについて来なさい」と言われた主イエスのことばのエコーを聞くことができるのではないだろうか。主イエスの十字架の後を追い、その苦難をともに味わう。それはとりもなおさず他の人々の救いのため、福音宣教のためであるとパウロは言う。そしてこの後、パウロは「私はしばしばあなたがたに言って来たし、今も涙をもって言うのですが、多くの人々がキリストの十字架の敵として歩んでいるからです」（ピリピ３・18）と言っている。ここから読み取ることができるのは、パウロの滅びに向かっている人々への「愛」であり、その救いのためには十字架の苦難さえも主とともに味わうのだという彼の覚悟である。

私たちの伝道会議のコイノニア「交わり」の方向性のモデルがここにあるのではないだろうか。日本の伝道は困難と言われ続けている。だからこそ、私たち日本のキリスト者は、主イエスのために「キリストの苦しみにともにあずかる」コイノニアに積極的に参加し、福音のためにともに祈り、力を合わせ、苦しみさえもともに担っていくことができるなら、どんなに幸いであろうか。そして、そのスタート地点として伝道会議のコイノニア（テーブルミーティング）を位置づけることができる。

F　最後に

キリスト者が集まるところ、「交わり」が存在するところには、主の臨在の約束が与えられている。主イエスご自身が「ふたりでも三人でも、わたしの名において集まる所には、わたしもその中にいるからです」（マタイ18・20）と約束された。それゆえ、この地上でキリスト者が集まるところには、キリストの臨在がある。キリスト者の交わりには主の臨在という大きな祝福があることがわかる。しかし、それだけではない。この節の直前では、「あなたがたのうちのふたりが、どんな事でも、地上で心を一つにして祈るなら、天におられるわたしの父は、それをかなえてくださいます」（同19節）と書かれている。キリスト者が集まって、心を合わせて祈るとき、父なる神は私たちの祈りを聞き、祈りに応えて主のわざを行ってくださる。それが主の約束である。祈りの内容に関しては、何を祈るよう求められているのだろうか。みこころにかなうならどのような祈りでも制限なくというのが、この節だけを見た解釈となるであろう。しかし、18章全体を俯瞰すると、また違った光景が浮かび上がって来る。1～10節では、小さい者をつまずかせないように、見下げたりしないようにという警戒が書かれている。その後、羊のたとえを通して、小さい者のひとりが滅びることは父のみこころではないとされている（11～14節）。そして兄弟が罪を犯したときの対処（15～20節）、さらに兄弟を赦すことについてのペテロの質問とたとえが続く（21～35節）。これらを読むならば、罪によって滅びに向かっている小さい者たち、罪を犯した兄弟などの小さな存在のために祈ることが、20節の祈りの内容として理解することができる。つまり失われた兄弟、滅びゆく人々のために愛に基づいたとりなしの祈りをささげるときにこそ主がご臨在され、祈りを聞いて、働いてくださるのである。

隣人を愛する愛から生まれてくる、滅びゆく人々のためのキリスト者の集まり、祈る場にこそ、主イエスはともにいてくださる。そして、これこそが日本伝道会議の真の目的となると感じるのは筆者だけではないと思う。そのような集まりこそ、主イエスは喜び、ともにいて、とりなして、私たちが主の証し人として立つことができる聖霊を与えてくださるという信仰に立たせていただきたい。そして、伝道会議から「コイノニア」の交わりの体験を地域教会に持ち帰っていくとき、主はそれぞれの地域教会の交わりと伝道を祝してくださると信じることができる。

第6回日本伝道会議において、コイノニア活動は単なる小グループセッションではない。キリストにある兄弟愛を土台にした「交わり」の時となり、主イエスのために力を合わせていく仲間づくりの場となる。また、そこから伝道のための祈りのグループが誕生し、日本のリバイバルの火種となるような取り組みが始まることが期待されている。

Ⅲ　伝道会議でのコイノニアの運営

コイノニア活動では、二千人を八人一グループに分けて、二百五十グループを作ること、またコイノニアをスムーズに進めるために、前述したコイノニアの理念を理解したコイノニア・グループを導く人を育成することを決めた。育成したのは、コイノニア・サーバントと呼ばれる各テーブルのお世話役と、コイノニア・サーバントのまとめ役であるコイノニア・サポーターである。

コイノニアのサポート体制

コイノニア・グループ→コイノニア・サーバント→コイノニア・サポーター→コイノニア委員会というサポート体制を構築した。ただしこの組織は、グループに問題が発生したときにのみ機能するようにと構築された。伝道会議開始直前の最後のコイノニアの打ち合わせのときに、教会内に入り込んで意図的に分裂などを起こすことで問題となっている異端的グループの指導者が伝道会議に出席しているという事実が発覚し、事務局では水際でお帰りいただいた。サーバントとサポーターの皆様にはその情報を伝え、もし怪しそうな人がいたならば、報告するよう注意喚起を行った。一グループ八人で四日間を過ごすという密な交わりの中で、このような問題に対しても適切な対処が取られたと考えている。

コイノニアの奉仕者のリクルートと育成

コイニノアは神戸の開催地委員会の主導で始まったので、開催地にコイノニア委員会が形成され、東京の第6回日本伝道会議事務局との連携の中で実務が進められた。特に交わりの質を高めるためには、コイノニアをお世話するリーダー役のサーバントのリクルートと育成に力を注いだ。

サーバントのリクルートはＪＥＡの組織を活用して、加盟団体からの推薦によってサポーターとサーバントを確保することとなった。同時に開催地委員会でサポーターを開催地枠で確保し、サポーターの方にサーバントの担い手を推薦していただくことにした。ただ開催地枠での奉仕者の確保は、サポーターに大きな負担をかけることになったという反省すべき点があった。最後はＪＥＡの総会、また神戸、大阪、東京、沖縄、名古屋、尼崎などで講習会を行って、コイノニア・サーバントとサポーターの訓練を行った。また、ＣＧＮＴＶの協力を得て、東京の講習会の模様を収録し、講習会に出席できなかった方々のためにインターネットで講習会を受講できるようにした。

さらに西宮において韓国語のコイノニア奉仕者の育成を、名古屋においては英語のコイノニア奉仕者の育成を行い、多言語によるコイノニア・グループの準備も進めた。最終段階では、登録者数が見込みの二千人に満たなかったことや、プロジェクトごとにグループ分けをしたことなどで、サーバントの方であってもサブに回っていただくことや、サポーターであってもサーバントとしてご奉仕いただくことなどのケースが出た。このあたりは改善の余地があるだろう。

コイノニアのグループ分け

コイノニアのグループ分けは東京の事務局で行った。グループ分けは言語を第一優先項目とし、次に参加者が登録した十五のプロジェクトごとに分けた。さらに女性または信徒がグループに一人とならないように、また同じ団体のメンバーが複数名いるグループにならないようにとルールを決めてグループ分けを行った。

当日のコイノニア

当日のコイノニアはおおむね順調に進んだ。ただし最終日はグループによって人数が減ってしまったところもあった。これは参加者の急な都合もあるため、委員会としてはどうすることもできない要素ではある。それでも対処方がまったくないわけではないだろうが、グループ分けが相当複雑になる。実現できるかは今後に委ねたい。

また参加者からのアンケートでは、コイノニアはおおむね好評であった。さまざまな意見が寄せられていたが、伝道会議で一人になることがなく、新しい出会いがあり、交わりが始まったという良いコメントをいただいた。

最後に第6回日本伝道会議において、コイノニア活動が取り入れられたことの意義は小さくないと感じている。これが各教会の交わりの質を変えて、真に主イエスが願っておられる聖書的なコイノニアが建て上げられていくようにと祈るものである。

再生へのリ・ビジョン《Re-VISION》
次の伝道会議〈2023年〉へのロードマップ

2017年9月25日　発行

編　者　第6回日本伝道会議実行委員会

著　者　クリストファー・J・H・ライト
　　　　JCE6実行委員、プロジェクトリーダー

印刷製本　モリモト印刷株式会社

発　行　いのちのことば社
〒164-0001 東京都中野区中野2-1-5
電話 03-5341-6922（編集）
03-5341-6920（営業）
FAX03-5341-6921
e-mail:support@wlpm.or.jp
http://www.wlpm.or.jp/

ISBN 978-4-264-03871-9